U0033738

# 吳忠信日記

## （1944）

The Diaries of Wu Chung-hsin, 1944

# 民國日記｜總序

呂芳上
民國歷史文化學社社長

　　人是歷史的主體，人性是歷史的內涵。「人事有代謝，往來成古今」（孟浩然），瞭解活生生的「人」，才較能掌握歷史的真相；愈是貼近「人性」的思考，才愈能體會歷史的本質。近代歷史的特色之一是資料閎富而駁雜，由當事人主導、製作而形成的資料，以自傳、回憶錄、口述訪問、函札及日記最為重要，其中日記的完成最即時，描述較能顯現內在的幽微，最受史家重視。

　　日記本是個人記述每天所見聞、所感思、所作為有選擇的紀錄，雖不必能反映史事整體或各個部分的所有細節，但可以掌握史實發展的一定脈絡。尤其個人日記一方面透露個人單獨親歷之事，補足歷史原貌的闕漏；一方面個人隨時勢變化呈現出不同的心路歷程，對同一史事發為不同的看法和感受，往往會豐富了歷史內容。

　　中國從宋代以後，開始有更多的讀書人有寫日記的習慣，到近代更是蔚然成風，於是利用日記史料作歷

史研究成了近代史學的一大特色。本來不同的史料，各有不同的性質，日記記述形式不一，有的像流水帳，有的生動引人。日記的共同主要特質是自我（self）與私密（privacy），史家是史事的「局外人」，不只注意史實的追尋，更有興趣瞭解歷史如何被體驗和講述，這時對「局內人」所思、所行的掌握和體會，日記便成了十分關鍵的材料。傾聽歷史的聲音，重要的是能聽到「原音」，而非「變音」，日記應屬原音，故價值高。1970年代，在後現代理論影響下，檢驗史料的潛在偏見，成為時尚。論者以為即使親筆日記、函札，亦不必全屬真實。實者，日記記錄可能有偏差，一來自時代政治與社會的制約和氛圍，有清一代文網太密，使讀書人有口難言，或心中自我約束太過。顏李學派李塨死前日記每月後書寫「小心翼翼，俱以終始」八字，心所謂為危，這樣的日記記錄，難暢所欲言，可以想見。二來自人性的弱點，除了「記主」可能自我「美化拔高」之外，主觀、偏私、急功好利、現實等，有意無心的記述或失實、或迴避，例如「胡適日記」於關鍵時刻，不無避實就虛，語焉不詳之處；「閻錫山日記」滿口禮義道德，使用價值略幾近於零，難免令人失望。三來自旁人過度用心的整理、剪裁、甚至「消音」，如「陳誠日記」、「胡宗南日記」，均不免有斧鑿痕跡，不論立意多麼良善，都會是史學研究上難以彌補的損失。史料之於歷史研究，一如「盡信書不如無書」的話語，對證、勘比是個基本功。或謂使用材料多方查證，有如老吏斷獄、法官斷案，取證求其多，追根究柢求其細，庶幾還原

案貌，以證據下法理註腳，盡力讓歷史真相水落可石出。是故不同史料對同一史事，記述會有異同，同者互證，異者互勘，於是能逼近史實。而勘比、互證之中，以日記比證日記，或以他人日記，證人物所思所行，亦不失為一良法。

從日記的內容、特質看，研究日記的學者鄒振環，曾將日記概分為記事備忘、工作、學術考據、宗教人生、游歷探險、使行、志感抒情、文藝、戰難、科學、家庭婦女、學生、囚亡、外人在華日記等十四種。事實上，多半的日記是複合型的，柳貽徵說：「國史有日歷，私家有日記，一也。日歷詳一國之事，舉其大而略其細；日記則洪纖必包，無定格，而一身、一家、一地、一國之真史具焉，讀之視日歷有味，且有補於史學。」近代人物如胡適、吳宓、顧頡剛的大部頭日記，大約可被歸為「學人日記」，余英時翻讀《顧頡剛日記》後說，藉日記以窺測顧的內心世界，發現其事業心竟在求知慾上，1930 年代後，顧更接近的是流轉於學、政、商三界的「社會活動家」，在謹厚恂恂君子後邊，還擁有激盪以至浪漫的情感世界。於是活生生多面向的人，因此呈現出來，日記的作用可見。

晚清民國，相對於昔時，是日記留存、出版較多的時期，這可能與識字率提升、媒體、出版事業發達相關。過去日記的面世，撰著人多半是時代舞台上的要角，他們的言行、舉動，動見觀瞻，當然不容小覷。但，相對的芸芸眾生，識字或不識字的「小人物」們，在正史中往往是無名英雄，甚至於是「失蹤者」，他們

如何參與近代國家的構建，如何共同締造新社會，不應該被埋沒、被忽略。近代中國中西交會、內外戰事頻仍，傳統走向現代，社會矛盾叢生，如何豐富歷史內涵，需要傾聽社會各階層的「原聲」來補足，更寬闊的歷史視野，需要眾人的紀錄來拓展。開放檔案，公布公家、私人資料，這是近代史學界的迫切期待，也是「民國歷史文化學社」大力倡議出版日記叢書的緣由。

# 導言

王文隆
南開大學歷史學院副教授

## 一、吳忠信生平

　　吳忠信（1884-1959），字禮卿，一字守堅，別號恕庵，安徽合肥人。1900 年八國聯軍攻陷北京，光緒帝與慈禧太后西逃，鑑於國難而前往江寧（南京）進入江南將弁學堂，時年僅十七。1905 年夏天畢業後，奉派前往鎮江辦理徵兵，旋受命為陸軍第九鎮第三十五標第三營管帶，開始行伍生涯。隔年經楊卓林介紹，秘密加入同盟會。1911 年武昌起義，全國響應。林述慶光復鎮江，自立為都督，任吳忠信為軍務部部長，後改委為江浙滬聯軍總司令部總執行法官兼兵站總監。

　　1912 年元旦，孫中山就任中華民國臨時大總統，奠都南京，吳忠信任首都警察總監。孫中山辭職後，吳忠信轉至上海《民立報》供職，二次革命討袁時復任首都警察總監，失敗後亡命日本，加入孫中山重建的中華革命黨。並於 1915 年，在陳其美（字英士）帶領下，與蔣中正同往上海法國租界參預討袁戎機，奠下與蔣中正的深厚情誼。1917 年，孫中山南下護法組織軍政府，吳忠信奉召前往擔任作戰科參謀，襄助作戰科主任蔣中正，兩人合作關係益臻緊密。爾後，吳忠信陸續擔任粵軍第二軍總指揮、桂林衛戍司令等職。1922 年，

吳忠信作為孫中山的全權代表之一員，與段祺瑞、張作霖共商三方合作事宜。同年 4 月前往上海時，因腸胃病發作，辭去軍職，卜居蘇州。爾後數年皆以身體不適為辭，在家休養，與好友羅良鑑（字佶子）等人研究諸子百家。

　　1926 年 7 月，蔣中正就任國民革命軍總司令，誓師北伐，同年 11 月克復南昌後，邀請吳忠信出任總司令部顧問，其後歷任江蘇省政府委員、淞滬警察廳廳長、建設委員會委員、河北編遣委員會主任委員等職。1929 年，因國家需要建設，前往歐美考察十個月。1931 年 2 月奉派為導淮委員會委員，同月監察院成立，又任監察委員。1932 年 3 月受任為安徽省政府主席，次年 5 月辭職獲准後，轉任軍事委員會南昌行營總參議。1935 年 4 月擔任貴州省政府主席，次年 4 月因胃腸病復發加以兩廣事變，呈請辭職，奉調為蒙藏委員會委員長。自此主掌邊政八年，期間曾親赴西藏主持達賴喇嘛坐床、前往蘭州致祭成吉思汗陵，並視察寧夏、青海及新疆等邊疆各地。1944 年 9 月調任新疆省政府主席兼保安司令，對內以綏撫為主，對外應付蘇聯及三區（伊犁、塔城、阿山）革命問題，1946 年 3 月辭任後，任國民政府委員，並當選第一屆國民大會代表。

　　1948 年 4 月，蔣中正當選行憲後第一任中華民國總統，敦聘吳忠信為總統府資政，復於該年年底委為總統府秘書長。1949 年 1 月 21 日蔣中正引退後，吳忠信堅辭秘書長職務，僅保留資政一職。上海易手之前，吳忠信舉家遷往台灣，被推為中國國民黨中央非常委員會

委員，並任中國銀行董事、中央銀行常務理事。1953
年 7 月起，擔任中央紀律委員會主任委員。1959 年 10
月，吳忠信腹瀉不止，誤以為腸胃痼疾發作，未加重
視。不久病情加劇，乃送至榮民總醫院，診療結果為肝
硬化，醫藥罔效，於該年 12 月 16 日辭世。

## 二、《吳忠信日記》的史料價值

　　吳忠信自 1926 年任國民革命軍總司令部顧問時開
始撰寫日記，至 1959 年辭世前為止，共有 34 年的日
記。其中 1937、1938 年日記存藏於香港，1941 年年
底日軍佔領香港時未及攜出而焚毀，因而有兩年闕佚
（1942.3.15《吳忠信日記》）。

　　《吳忠信日記》部分內容，例如《西藏紀遊》、
《西藏紀要》以及《吳忠信主新日記》曾先後出版，披
露其在 1933 年經英印入藏辦理達賴喇嘛坐床大典以及
1944 年出任新疆省政府主席之過程，其餘日記內容大
多未經公開。現在透過民國歷史文化學社的努力，將該
批日記現存部分，重新打字、校訂出版，以饗學界。這
批日記的出版，足以開拓民國史研究的新視角。

（一）蔣吳情誼

　　蔣中正與吳忠信的情誼在日記中處處可見。除眾所
周知的託其就近關照蔣緯國及姚冶誠一事外，蔣中正派
任吳忠信為地方首長的背後，也有藉信賴之人，安頓地
方、居間調處的考量。如吳忠信於 1935 年 4 月派為貴
州省政府主席，原以江南為實力基礎的南京國民政府，
得以將其力量延伸入西南，在當地推展教育與交通等基

礎建設，並透過吳忠信居間溝通協調南京與桂系關係，
從日記中經常記述與桂系來人談話可見一斑。而陳誠此
時以追剿為名，率中央軍進入貴州，在吳忠信與陳誠兩
人通力合作之下，加強中央對貴州的掌控，為未來抗戰
的後方準備奠立基礎。又如吳忠信於抗戰末期接掌新疆
省務，以中央委派之姿取代盛世才為新疆省政府主席，
一改「新疆王」盛世才當政時的高壓政策，採取懷柔態
度，釋放羈押的漢、維人士，並派員宣撫南疆，圖使新
疆親近中央，這都得是在蔣中正對吳忠信的高度信任
下，才能主導的。當蔣中正於 1949 年 1 月下野，李宗
仁代總統時，吳忠信居間穿梭蔣中正、李宗仁二人之
間，由是可見吳忠信在二人心中的特殊地位。直至蔣中
正於 1950 年 3 月 1 日「復行視事」，每個布局幾乎都
有吳忠信的角色存在。

（二）蒙藏邊政

　　吳忠信長年擔任蒙藏委員會主任委員，關於邊疆問
題的觀點與處置，也是《吳忠信日記》極具參考價值的
部分。吳忠信掌理蒙藏委員會，恰於全面抗戰爆發前至
抗戰末期，在邊政的處置上，期盼蒙、藏、維等邊疆少
數民族能在日敵當前的情況下，親近中央、維持穩定。
針對蒙藏，吳忠信各有安排，如將蒙古族珍視的成吉思
汗陵墓遷移蘭州，以免日敵利用此一象徵的用心。對於
藏政，則透過協助班禪移靈回藏（1937 年）、達賴坐
床大典（1940 年 2 月）等重要活動，維護中央權威，
避免西藏藉英國支持而逐漸脫離中央掌控。1940 年 5
月於拉薩設置蒙藏委員會駐藏辦事處是最成功的宣示，

力採「團結蒙古、安定西藏」的策略，穩定邊陲。吳忠信親身參與、接觸的人面廣泛，對於邊事的觀察與品評，值得讀者深思推敲。

（三）貫穿民國史的觀察

長達 34 年的《吳忠信日記》，貫穿了國民政府自北伐統一、訓政建國、抗日戰爭到國共內戰，以及政府遷台初期的幾個重要階段。透過吳忠信得以貼近觀察各階段的施政重心與處置辦法，以個人史或是生活史的角度，觀察黨政要員在這些動盪之中的處境、心境與動態。更能搭配其他同樣經歷人士的紀錄，相互佐證。

## 三、日記所見的個人特質

日記撰述，能見記主公私生活，從中探知其性格與思維，就日記的內容來分析，或許能得知吳忠信的個人特質。

（一）愛家重情

吳忠信的愛家與重情，有兩個層面，一是對於家族的關懷，一是對於鄉誼、政誼的看重。家人一直都是他的牽絆與記掛，他與正室王惟仁於 1906 年結婚，卻膝下無子。在惟仁的寬宏下，年四十迎娶側室湘君，1926 年初得長女馴叔，嘗到為人父的喜悅。爾後湘君又生長子申叔，使得吳家有後，但沒過多久，湘君竟因肺炎撒手人寰，年方二十五，使得吳忠信數日皆傷心欲絕，在日記中曾寫道：「自伊去後，時刻難忘。每一念及，不知所從。」（1932.12.31《吳忠信日記》）爾後吳忠信經常前往湘君墳上流連，一解思念之情。湘君故後，吳

忠信又迎娶麗君（後改名麗安），生了庸叔、光叔兩
子。不過吳忠信與麗安感情不睦，經常爭執，在日記中
多次記下此事的煩擾。吳忠信重視子女教育，抗戰勝利
後，馴叔赴美求學，嫁給同樣赴美、專攻數量經濟學的
林少宮，生下了外孫，讓吳忠信相當高興。1954 年，
或因聽聞林少宮將攜家帶眷離美赴大陸，吳忠信並不贊
成，不斷去函馴叔勸其留在美國，如果一定要離開，也
務必來台。同年 8 月 6 日，吳忠信獲悉馴叔一家已經離
開美國，不知所蹤，從此以後，日記鮮少提到這個疼愛
的女兒。這一年年末在日記的總結寫道：「最煩神是
子女問題，尤其家事真是一言難盡。」表現出心中的
苦悶。

吳忠信相當看重安徽同鄉，安徽從政前輩中最敬重
的要屬北京政府國務總理段祺瑞，兩人政治立場並不相
容，但鄉誼仍重。吳忠信自段祺瑞移居上海後，經常從
蘇州前往探望，段祺瑞身故時，也親往弔祭。對於同
鄉後進，無論是在政界或是學界，多所關照，願意接
見、培養或是推介，因此深為鄉里所敬重。如 1939 年
在段祺瑞女婿奚東曙的引介下，會晤出身安徽舒城的孫
立人，在當天的日記中寫道：「〔孫立人〕清華大學畢
業後，赴美國學陸軍，八一三上海抗日之後，身負重
傷，勇敢可佩。此人頭腦清楚，知識豐富，本省後起之
秀。」（1939.9.28《吳忠信日記》）頗為欣賞。或許是
命運的作弄，當 1955 年爆發郭廷亮匪諜案時，吳忠信
恰為九人調查委員會的一員，於公不能不辦，但於私仍
同情孫立人的處境，認為他「一生戎馬，功在黨國，得

此結果，內心之苦痛，可以想見，我亦不願多言，是非曲直留待歷史批評」。

　　吳忠信同樣在乎的還有政誼，盡力多方關照共事的同事。如羅良鑑不僅是他生活的良伴，也是與他同任安徽省政府委員的至交，兩人都在蘇州購地造園，經常往來。爾後，吳忠信主政安徽省、貴州省與蒙藏委員會時，羅良鑑都是他的左右手，離任蒙藏委員會時，更推薦羅良鑑繼任。1948 年 12 月 21 日，羅良鑑夫婦自上海前往香港，飛機失事罹難，隔年骨灰歸葬蘇州。吳忠信在蔣、李兩方居間穿梭繁忙之際，特地回到蘇州參加喪禮，深為數十年好友之失而悲痛，可看出吳忠信個人重情、真誠的一面。

（二）做人做事有志氣有宗旨

　　吳忠信曾經在 1939 年元旦的自勉中，自述「余以為做人做事，必有志氣，有宗旨，然後盡力以赴，始可有成。」另亦述及「自入同盟會、中華革命黨而迄于今，未敢稍渝此旨。至以處人論，則一秉真誠，不事欺飾，對於人我分際之間，亦嘗三致意焉。」這是他向來自持的。就與蔣中正的關係而論，自詡亦掌握此一原則，他在同日又記下：「余與蔣相處，民十五後可分三個階段，由十六年起至十八春出洋止，以革命黨同志精神處之；由十九年遊歐美歸國起至二十一年任安徽省主席以前止，則以朋友方式處之；由安徽主席起以至于今，則以部屬方式處之。比年服務中樞，余于本身職掌外，少所建議，于少數交遊外，少所往還，良以分際既殊，其相處之標準，不可不因之而異也。余在過去十二

年來，因持有上述之宗旨與標準，故對國事，如在滬、在平、在皖、在黔及目前之在蒙藏委員會，均能振刷調整，略有建樹，絲毫未之貽誤；對友人如過去之與蔣，雖交誼深厚，然他人則與之誤會叢生，而余仍能保持此種良好關係，感情日有增進，而毫無芥蒂。……即無論國家之情勢若何，當一本過去，對國竭其忠、對友竭其力，如此而已。概括言之：即「救國」、「助友」兩大方針是也。」

由此可知，在吳忠信待人之原則，必先確認兩人之關係，進而以身分為斷，調整相待之禮。他長時間服務公職，練就出一套為公不私的原則，經常在日記中自記用人、薦人之大公無私，此亦為其「救國」、「助友」之顯現，常以「天理、國法、人情」與來者共勉。

## 四、結語

吳忠信於公歷任軍政要職，於私是家族中的支柱。公私奔忙之餘，園藝之樂，或許才是他的最愛。他常在一手規劃的蘇州庭園裡，親自修剪、坌土，手植的紫藤、楓樹、柳樹、紅梅、白梅等在園中，隨著季節的變化而映放姿彩，園林美景是他內心的慰藉。吳忠信1949 年回蘇州參加羅良鑑夫婦葬禮後，短暫地回到自宅園林，感嘆地寫道：「園中紅梅業已開散，白梅尚在開放，香味怡人。果能時局平定，余能常住此園以養殘年，余願足矣。」（1949.2.21《吳忠信日記》）可惜，這是他最後一次回到蘇州，之後再無重返機會，願與天違。

　　這份與民國史事有補闕作用的《吳忠信日記》並非全出於其個人手筆，部分內容為下屬或親屬經其口述謄寫而成。1940 年，他就提到：「余自入藏以來，身體時常不適，且事務紛繁，日記不時中斷，故託纕蘅兄代記，國書姪代繕。」（1940.1.23《吳忠信日記》）且在記述中，也有於當日日記之末，囑咐某一段落應增添某公文，或是某電文的文字，或可見其在撰述日記之時，便有日後公諸於世的預想。或許是如此，吳忠信在撰寫日記時，不乏為自己的行動辯白，或是對他人、事件之品評有所保留的情況，此或許是利用此份日記時須加以留意的地方。

# 編輯凡例

一、 本社出版吳忠信日記，起自 1926 年，終至 1959
　　 年，共 34 年。其中 1926 年日記為當年簡記，兼
　　 錄 1951 年補述版本；1937 年至 1938 年於太平洋
　　 戰爭爆發後，其家人逃離香港時焚毀，僅有補述
　　 版本。

二、 古字、罕用字、簡字、通同字，在不影響文意
　　 下，改以現行字標示。

三、 日記中原留空白部分，以□表示；難以辨識字
　　 體，以■表示。編註以【】標示。

四、 吳忠信於書寫時，人名、地名、譯名多有使用同
　　 音異字、近音字，恕不一一標註、修改。但有少
　　 數人名不屬此類，為當事人改名者，如麗君改名
　　 麗安、曾小魯改名曾少魯等情形，特此說明。

# 附圖

## 抗戰末期西北地區勢力範圍圖

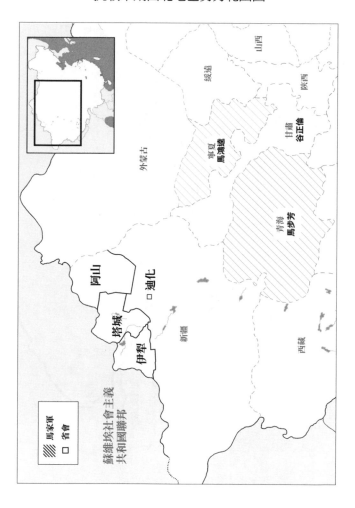

新疆簡圖

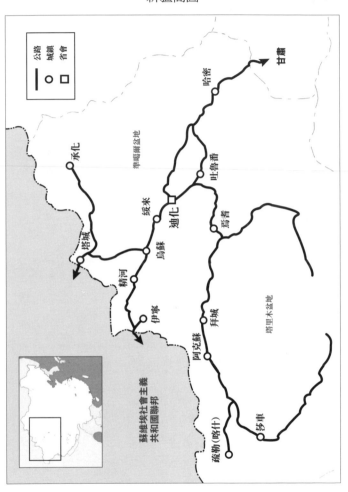

# 目錄

# 1944 年（民國 33 年）　61 歲

## 1月1日　星期六

　　清晨九時在國民政府花園參加遙拜先總理陵寢，繼在大禮堂舉行元旦紀念典禮，並團拜，統由國府蔣主席領導行禮，並親自主持授勛。其新年訓話大意如後：

　　今年對日戰爭定能移敵本土，勝利基礎已定，光明即將來到，我國信望益隆，應更努力，今年軍民四大任務：

（一）加強軍民合作，爭取勝利。

（二）各盡國民天職，貢獻一切。

（三）節約物資，補充前線需要。

（四）要自重自愛，實行新生活（最要緊是轉移社會風氣）。

　　上午十時半偕佶子到陳光甫兄家敘談，並午餐。

## 1月2日　星期日

　　方、文、俊、襄、馴、申，諸姪兒輩及建文孫均放暇來家，今晨早飯後，特向彼等說做人做事之大道。話雖老僧長談，確是彼等修身所必需。今年元旦，中央鑒于以往各機關人員例有踵門賀年禮節，茲值戰時，交通既多不便，油料更應節約。爰經決定，元旦黨政軍各機關人員，除舉行團拜外，所有賀年禮節一概免除。此種措施，適合時宜，但昨、今兩日，同鄉、同事平日感情親密者，如魯佩章、端木愷、張仲道、安夢洲、朱仲翔、葉元龍多人均來賀年，經分別一一接待。

## 1月3日　星期一

上午九時參加中央紀念週，總裁領導行禮，並訓話。大意：

（一）必須貫澈實行命令。

（二）必須實踐誓詞及黨員守則。

（三）必須全體同負總動員推進責任。

（四）必須改革背後互訐的惡習。

（五）必須實踐新生活。

（六）必須訓練各機關勤務。

結語謂，今天所說雖甚粗淺，但深感覺實有關乎風氣的轉移、國家的成敗、民族興衰，希望大家切實做到云云。都是切合現時政治毛病，即應積極推進與改革。上午十時出席國防最高會議。

## 1月4日　星期二

上午九時出席行政院會議，通過例案多件。

### 接見拉卜楞代表團（一月四日下午三時）

在川、康、青、甘四省邊界上有一個佛教區域，以嘉木樣活佛駐在甘肅夏河拉卜楞寺為中心，擁有一百零八寺教區，藏族不下卅萬人。以蔣總裁就任國府政府主席，特組織代表團來渝向元首致敬，並獻旗、獻機，藉表擁護熱忱。該團由拉卜楞保安司令黃正清任總領隊，率領嘉木樣佛代表阿莽蒼活佛、拉卜楞寺代表納格蒼活佛、果洛三部落代表、康土官萬慶，及部落土官代表等二十六人，暨隨員人等十人。于去年十二月一日由拉卜楞乘騎出發，九日抵蘭州，改乘汽車，經西安，于昨晚

（三日）到達，由本會招待下榻本會招待所。本日（四日）下午三時余接見全體代表，聽取報告，余並作簡單訓話。擬不日覲見元首及分謁中樞各長官，並參觀陪都附近各工廠、各教育機關。

## 1月5日　星期三

上午九時接見新疆省黨部新執行委員金紹先君，因金在本會服務多年，很有才能，與余私人感情尚佳，故很率直予以指示，並請盛主席關照。上午十時，單獨接見拉卜楞保安司令黃正清君，談話約一小時半，彼此意見甚為接近。彥龍明日入中央訓練團高級訓練班，六個月畢業。伊隨余做事將十年，向無錯誤，且穩健而不招謠，更無少爺官僚等惡習，實為難得之才，不過身體文弱是其最大缺點，如能加以注意，則前途必大有為也。午後偕襄叔回鄉。

## 1月6日　星期四

近日因新年以及籌備招待拉卜楞寺代表團等，事務較為冗忙，深感疲勞。今日在鄉得以休息，身心俱覺舒適。

## 1月7日　星期五

張文白兄來訪，留午飯。文白與余感情最好，性情相投，可謂知己之交也，文白對余向來尊重，且關照地方尤多，余不勝感激之至也。本會趙副委員長來訪，留晚餐，暢論山西形勢與人物，認為地位重要，內容

複雜。

## 1月8日　星期六

　　清晨得城會電話，蔣主席明晨中央訓練團召見拉卜楞代表團。故于午後偕襄叔進城，當即約集本會同人，研究晉謁主席禮節及各種之準備，以期週到。

## 1月9日　星期日

　　晨七時半，集拉卜楞代表全體（廿六）于余住宅前，預演謁見主席禮節。八時四十分到中央訓練團，適訓練團高級班第二期與黨政訓練班第廿九期，于上午九時舉行開學典禮，蔣主席親臨主持，余與拉卜楞代表團一律參加觀禮。于十時禮成，于十時四十分在黨政班大禮堂，由黃正清率領全體代表覲見蔣主席。首由該團代表向蔣主席行三鞠躬禮，繼由余一一向蔣主席介紹，後代表團向蔣主席獻哈達、獻飛機（三十架）、獻方物，並恭誦致敬詞。詞畢，蔣主席訓話，大意對邊地同胞生活之增進與政治、經濟、文化、教育之建設，實認為平生之志願，時表深切之關懷云云。禮節整齊嚴肅。午後甘肅省主席谷紀常來訪，伊月前回黔省親，日間將回省。他對于治理甘肅境內各民族，主安定，不主亂動，與余意見相同。

## 1月10日　星期一

　　上午九時參加中央紀念週，後出席中央常會。晚七時出席黨政問題坐談會。昨日午後沈宗濂兄來訪，據云

戴院長季陶兄向他表示，在抗戰期中，邊疆能以安定而
有進步，皆是本會應付得法，有以致之也。余答曰，關
于邊疆大事，仍是請教戴先生的云云。蓋戴對邊事是宗
教的宗教，余對邊事是政治的宗教，此不同之點也。

## 1 月 11 日　星期二

上午九時出席行政院會議，午後接見賓客。

## 1 月 12 日　星期三

午十二時約侯家源、趙祖康、陳光甫諸兄午飯。

**記拉卜楞寺擬調解藏事**

拉卜楞寺代表大襄佐黃正平最近由西康來渝，兩次
偕黃正清來談。據稱在拉薩時，打札佛及喇嘛噶侖丹巴
嘉樣以及頗頗覺活佛等重要人物，很有表示就範之意，
對于駐藏辦事處恢復原狀，及漢人持有護照可以入藏兩
項，均謂可以辦到，並託其到渝代達等情。余以為去年
五月十二日，總裁面諭阿汪堅贊四代表五項辦法，藏方
必須遵辦，不容稍有藉詞規避，致損中央威信。擬日內
晉謁總裁，請示機宜。

## 1 月 13 日　星期四

上午十時接見李安澤夫婦，他夫婦二人久住拉卜楞
寺，熟習果洛，而對于一般邊治問題確有研究，確是邊
疆不可多得之專家人才。田崑山兄來訪，他認為甘肅政
治大繁亂，不切實際，老百姓困苦不堪，無人敢據實上
聞者。晚六時，全國公路總局會辦趙祖康兄約晚餐。

## 補記一月十日接見美人葛德石

　　一月十日午後二時半，接見敘拉古大學地質地理系主任、美國訪華教授葛德石，暢談中國邊疆。他的著眼點在經濟，我的著眼點在政治，結論彼此均以發展交通為第一要義。最後余曰，以中國山川形勢而論，領土是不可分離的，以中國民族血統而論，民族是一個的。計談一時半之久，並招待茶點，由吳文藻、黃國彰兩位任翻譯。

## 1月14日　星期五

### 晉謁蔣總裁的談話

　　午後八時卅分晉謁蔣總裁，談話如下：

（一）請賞拉卜楞寺代表團旅費及禮品外，另給嘉木樣呼圖克圖及黃正清司令名義。

（二）據大襄佐黃正本由拉薩來渝報告，報告西藏當局想打開漢、藏當前僵局，余主張將去年五月十二日總裁西藏代表阿汪堅贊等五項辦法，擬補充說明，促期實行。如第一項修路事，原則上西藏應遵辦，至其詳細實施方法，俟處長沈宗濂君入藏後再商。如第二項運輸事，指運貨物，非運軍火。如第三項印度華僑經藏回國事，倘確有必要，西藏應即遵辦。如第四項駐藏辦事處與西藏接洽事件，必須與噶廈逕洽，西藏應立即遵辦。如第五項凡中央人員持有委員會護照者，西藏須照例支應烏拉，並應立即遵辦。總裁對余上五項補充說明，表示贊同。

（三）藏人說話無信，對軍事仍不可放鬆，尤其在總
　　　裁當國時，得到設立駐藏辦事長官率衛兵入
　　　藏，根本解決西藏問題。

（四）邊疆區域太大，建設無從著手，余以為黃河上
　　　流方面應建設甘肅之河西，長江上流應建設四
　　　川之西昌，因該兩處物資豐富，有建設國防之
　　　價值。可將該兩處成為國防上兩個大堡壘，一
　　　可控制西北、一可控制西南，然後再建設多數
　　　小堡壘，例如甘肅之洮河流域，四川之松、
　　　理、茂等處，應令各該省從事建設。再將大小
　　　堡壘聯成一氣，成為國防內線，再以外蒙、新
　　　疆、西藏為國防外圍。總裁深以為然。

## 1 月 15 日　星期六

　　下午七時，黨政軍聯誼社在軍事委員會大禮堂舉行
新年聯歡，並演劇，余偕申叔等前往。

## 1 月 16 日　星期日

　　今日午十二時招待吳澤霖夫婦、李安宅夫婦及吳文
藻、黃國璋、任乃強、黃文弼諸君午餐，他們都是邊政
學會會員，都是邊疆學者專家。午後二時召集黃司令正
清、大襄佐黃正本，以及西藏代表阿汪堅贊等四人談西
藏問題，彥龍、耀文均參加。首先各人說明此案之前因
後果，余表示蔣委員長前次面示之五原則，不能搖動，
余可在原則下加以新的指示。計談二小時之久，結果約
定下星期四下午二時再談。午後六時在嘉陵賓館歡宴拉

卜楞代表團全體代表，戴院長等作陪，計到一百餘人。
席間首由余致詞，繼由代院長致詞，黃正清答詞。宴
畢，開放余前入藏所制西藏巡禮影片，代表等十分興奮
與快慰。

## 1月17日　星期一

上午九時參加中央紀念，後出席國防最高會議。午
後五時，蔣主席在公館招待拉卜楞寺重要代表茶會，屆
時余偕黃司令正清、阿莽倉活佛、納格倉活佛、大襄佐
黃正本、果洛代表康萬慶、拉卜楞十三莊代表黃強等
六人前往。先由黃司令報告拉卜楞一般情形，繼由主席
分別一一詢問，惟對大襄佐黃正本垂詢獨多。彼等對答
非常得體，非常簡單明白而態度嚴肅，執禮甚恭，主席
非常歡慰。經四十分之久，圓滿而退，臨行時，主席復
曰，離渝前再約見面。

## 1月18日　星期二

上午九時出席行政院會議。據軍事當局報告，蘇、
德戰場蘇軍大勝，而英、美空軍又在歐陸猛炸德軍，德
軍形勢大為不利云。余以為德軍如能阻止蘇軍前進，在
西歐阻止英、美軍登陸，方可苟延一時。

## 1月19日　星期三

余近更感受生活高漲之壓迫，前向農民銀行借款
二十萬元，原擬用至四月間，現屆舊曆年終，用費較
多，即將告罄，來日大窘，勢難避免，故于午後四時訪

陳光甫兄，請代研究辦法。光甫云擬向中國銀行總經理
貝松蓀兄商借數十萬元，並擬代我研究生活較為長久之
辦法。此等愛友熱心，深為感佩。

## 1 月 20 日　星期四

本日午後四時阿旺堅贊及黃正清、黃正本六人來
談，並攜有噶廈交由與大襄佐談話文件一紙（大襄佐為
避免英印檢查，託交通部人員帶渝，昨日始到）。譯其
內容，與噶廈前次答覆中央之語意無多出入，所謂有中
央護照即可入藏一節，乃大襄佐口傳之誤。蓋今日之談
毫無結果，當告其應不改變總裁五項辦法之原則下，從
長研究。計談一小時半之久而散。

## 1 月 21 日　星期五

惟仁夫人因申叔在巴蜀中學走讀，住城照料已四、
五月之久。該校現放寒假，又屆陰曆年終，擬回鄉過
年，特于上午九時偕惟仁、申叔、襄叔等返鄉。

## 1 月 22 日　星期六

午後五時祭祖，一切由惟仁夫人主持。今年物價
漲得快，上半年五十元可買卅個雞蛋，下半年即現在
五十二元買十個雞蛋。上半年菜油一千二百元一百斤，
現在五千六百元一百斤。各物如此猛漲，其影響抗戰自
在意中。

## 1月23日　星期日

午後偕小魯進城。

## 1月24日　星期一　除夕

上午九時參加中央紀念週，後出席中央常會。三民主義青年團書記長張文白臨時動議，目前經濟危急，應如何補救法，當即以此為討論中心，議論紛紛。經一時半之久，未得結果，遂決議下星期三、四召集中央常會臨時會，請有關機關負責人員出席報告研究辦法云云。以余觀察，抗戰以來，各部門均有進步，惟經濟失敗耳。推其原因，始則太不注意，繼則知危險，乃用外國辦法來補救，殊不知中國社會無組織、物資無統計，以至物價愈平愈高，高到無止境，遂演成目前危急現象。這都是負責者未能盡其責任，尤其是誤在外國學者專家。為今之計，只有節約，一面機關緊縮，與公務人員待遇平均，更一面用飛機運外國物資來華，以濟目前之急。現在一切關係在軍事，希望軍隊打勝仗，早日結束軍事。又常會決議明日陰曆元旦，黨、政、軍各界放春假一日。本擬今日午後回鄉，因羅先生及周彥龍、和俊、文叔、馴叔、建文等均在城度除歲，故未下鄉。

## 1月25日　星期二　甲申年元旦

（因病，兆麟代抄）

昨夜爆竹聲終宵不絕，當此經濟危急之秋，商民人等仍作此無謂消耗，足證商人生活優裕，所苦者，武裝同志與公教人員耳。清晨，黃正清等拉卜楞重要六代表

來寓謁賀春禧，並獻哈達。事畢，起如廁，突然發現尿中帶血。八時偕少魯返鄉，途經山洞，訪居覺生院長，略事寒暄，即辭出返家，因小便血不盡，乃臥床休息終日。自余遷鄉居住以來，每歲農曆除夕必留鄉寓度歲，翌年元旦後入城，今年獨反之，除夕在城，而元旦回鄉。抑勝利在邇，回里在望之兆歟。

## 1 月 26 日　星期三

小便血略少，但無熱度、無痛楚，飲食坐臥如常，大小便亦均流暢。惟今日小便完畢，必經一頓，而繼以血，頓重血多，頓輕血少。查邇來余身體、精神均好，五年前曾患頭昏、貧血症，卅年前曾因小便閉澀，誤打針藥，致尿流血。但余認為此次便血緣於濕熱，爰服中國草方車前子、茅草根、頭髮灰，以自療焉。

## 1 月 27 日　星期四

今日小便，血更少。晨延衛生站趙主任來寓診治，經趙將尿檢驗結果，尿中無蛋白質與糖質，惟赤血球甚多。今日仍服車前子等草藥及西洋參若干。午時宴請趙副委員長夫婦。

## 1 月 28 日　星期五

今日尿，血尤鮮。午後衛生站趙主任見告，今日之尿檢驗結果與昨同。續服茅草根等草藥。

## 1月29日　星期六

今日小便，血已全無，續服茅草根等草藥。昨晚吳樹模來寓謁談。

### 記吳甘糾紛

本會皖籍職員吳樹模與妻，去冬因故爭吵，吳妻匿居他家數日，經友朋覓回。旋吳偵得其妻之逃藏與同事甘鑄鼎有關，吳一怒而報告警局，將其妻及甘解送法院，一鞫而吳妻自認受騙，甘亦莫辯勾引之嫌。吳子女各一，均髫齡，吳念子女照顧無人，將妻領返舍。甘仍拘看守所待判，所行不檢，咎實應得。吳為此事曾先後兩度晤余，余諄諄告以平素管教不嚴，吳亦不能辭其咎。當此新舊交替之過渡時代，無知男女，偶一不慎，即鑄大錯，俗云一失足成千古恨，若甘某者滔滔天下一例耳。

## 1月30日　星期日

上午九時偕麗安、承錚、申叔等進城。午後三時楊笑天長公子在嘉陵賓館與朱女士結婚，余親往致賀。午後四時半，魯佩璋兄介紹關吉玉兄來訪，計談一小時半之久。關對于西南各省情形甚為熟悉，人頗幹練，是很好行政人才，現任財政部田賦管理委員會主任委員，負責辦理糧食、徵實、徵購事宜，關係十分重要。

## 1月31日　星期一

上午九時至國民政府參加中央紀念週，後出席國防最高會議。午後皖省黨部委員魏壽永兄來訪，談他將來

出處。余勸他應入下期中央訓練團黨政高級班,以資深
造,他頗以為然,擬先回皖省親。

## 2月1日　星期二

上午九時出席行政院會。今日上下午分別接見黃正清、孫丹林、陸美輪、姚仲良、殷紹乘諸兄。與黃再談藏事，認為西藏當局對駐京代表與對大襄佐所談不一致，是大襄佐受騙。孫丹林兄係吳佩孚之親信，曾任北政府內務總長，此次由北京脫險來渝，非常辛苦。陸美輪來談西康公路既已修至甘孜，今年可修至青海邊界（巨玉樹四十公里）。姚仲良向在西康劉主席處服務，此次來見，乃是一種政治之活動。老同志殷紹乘兄現在公路服務，將改任寶天鐵路副工程師。

## 2月2日　星期三

上午偕佶子訪陳先甫兄，談三小時之久，即在伊處午飯。前託向中國銀行透支家用事，他擬日內與貝松蓀兄切商，據云無問題，我擬以蘇州闊家頭巷地皮作擔保。午後三時出席中央常務會臨時會，討論當前物價，各有關機關以及各專家學者一律列席。經四小時之久，未得結果，擬本星期六下午再開會繼續研究。其經濟之危機，于此可見。

## 2月3日　星期四

上午十時回拜孫丹林先生，暢談北方形勢。他認為日本必敗，吾人對于北方以及東三省戰後各種辦法，應早為研究與準備。余認為戰後對上項地方，首先要恢復秩序，然後纔能談到其他。午後分別接見徐中尚醫師等。前保黃正清請任軍事參議院少將參議，頃已奉總裁

核准，此乃黃氏來渝之最大收穫。

## 2 月 4 日　星期五

上午九時偕小魯赴土灣看繼蕙病，麗安搭車送馴叔赴南開上學。當囑師機何福來送到南開時，立即回到土灣接余進城，不料余在土灣久等不來，無已，乘馬車至化龍橋再換馬車，至上清寺時已午間十二時半矣。午後四時麗安（乘公共汽車）、何福來先後回來。據何云在南開久待，後見馴叔，告其經過情形，始知聽話之誤。這件事何固不留心，而余與麗安等亦太不注意也。

## 2 月 5 日　星期六

上午再訪陳光甫兄，談中國銀行借款事，他說尚未與貝總經理松蓀作具體之談話，我表示此事要使貝先生不為難原則下辦理為宜。光甫兄又云擬在上海銀行每月替我準備三萬元，以備中國銀行借款不成之用，我深感謝。午後三時出席中央常務會議臨時會議，再討論物價問題，仍是議論不一，但較上次會已有進步。茲就各人意見歸納言之，不外加強管制物價、節約消費、增加稅收等辦法，遂指數人將各人意見作成具體議案，提交常會作最後之決定。總而言之，于軍士及公教人員之生活無多補助也。

## 2 月 6 日　星期日

此次中國銀行董監會改選，今日財政部忽派余為官股董事。余事先毫無所聞，不過余遠在十數年前有志銀

行事業，今竟為銀行董事，或前此一念之結果也。但最
近託陳光甫兄向中國銀借生活費事，只得作罷，另想其
他辦法。

## 2月7日　星期一

上午九時參加中央紀念週，後出席中央常務會議。
正午十二時招待黃正清等午餐，緣彼等在渝事畢，日間
將返拉卜楞寺。午後五時中國銀行在范莊舉行本屆董事
會及監察人會，余準時出席，互選孔祥熙、宋子文、宋
漢章、徐堪、陳光甫、郭錦坤、莫德惠等七人為常務董
事，至董事長一席，由政府指派孔常務董事祥熙繼任。

## 2月8日　星期二

上午九時出席行政院會議，決議蒙藏委員會委員朱
福南、趙守鈺均另有任用，任命嘉木樣、東本格西為本
會委員。余認為以此二人為委員甚有意義，切合時宜，
緣嘉木樣在佛教地位甚高，東本在佛教學問甚深，均屬
難得之人才。

## 2月9日　星期三

上午九時出席中央常會臨時會議，討論憲法草案中
有關省及集會、結社諸問題。

## 2月10日　星期四

近一月來，物價平均又漲百分之卅，所有公教人員
無不教苦連天。現仍上漲無已，政府無法阻止，亦無法

調整。這是政府當前最困難問題，亦是公務生活嚴重之時期。

## 2 月 11 日　星期五

今日為林故席誕辰，黨政各機關于上午十時在山洞雙河橋謁陵致祭，余偕許公武兄準時前往參加。計到中央委員會及部會首、次長一百餘人，頗集一時之勝。

## 2 月 12 日　星期六

中國銀行孔董事長祥熙，今日（星期六）上午十時在玉靈洞中國銀行總管理處舉行就職典禮。余偕陳光甫兄于九時半前往參加，其他董事、監察人亦同時參加，計到來賓四百餘人，由孔事長及常務董事徐可亭等分別說話。至十二時半散會，遂至光甫家午餐。

## 2 月 13 日　星期日

上午十一時，張溥泉、陳靄士、屈文六三先生在長安寺招待能海法師素餐，約余作陪，余因另有他約，未入席即告退。查能海四川棉竹人，軍人出身，看破世界，出家為僧，曾兩次入藏，深通顯密。午十二時，中央訓練團皖籍高級訓練班第一、二期同學二十餘人（第一期十一人、第二期十六人）在國民外交協會聚餐，藉資聯絡鄉誼，並招待余與許靜仁先生。查同學學有專長，各有地位，且年齡多在四十歲以內者，今再加黨政高級訓練（時間六個月），確是黨國與本省黨政中間人物，亦是繼往開來之人物。彼等前途有限，期望許靜仁

先生與余各作簡單勉勵的話，盡歡而散。

## 2月14日　星期一

上午九時參加中央紀念週，出席國防最高會議。午後一時半接見駱美輪兄，伊現正修築由甘孜至青海公路（已批准經費五萬萬元），更擬派員隨沈處長入藏測量西藏路線。余答曰如沈由海道入藏，公開隨往，俟抵藏後舉行測量，藏當局必多方破壞；如沈由陸路前往，則可派員隨同測量，但只能測一條路線，倘中央確有決心修通西路，最好化裝秘密測量較為相宜云。擬即以此意復交通部。午後二時偕麗安回鄉，適黨政工作考核委員會第五室組員王荇（號禹莊）來會考核，而同時中央設計局派政務考察團團員（高級調查員）丁懋德來會考察，當即接見王、丁二君。余乘此機會將行政三聯制有關本會之執行、設計、考核三方面應該注意之點，以及本會種種困難之處切實加以說明，計二小時之久，王、丁二君甚為明白。又王禹莊兄係前第九鎮老同事，曾在卅三標任隊官（連長），南京人，年已六十，余與接談之下，感慨良多。

## 2月15日　星期二

上午到會辦公，現值本會科長以上職員大批調中央訓練團受訓之期，因此會務不免鬆懈。小魯、芋龕、兆麟、卓民、漢光、子翼均于此期（第三十期）入團受訓。查本會第廿九期入團受訓計七人，今第卅期入團十人。

## 2 月 16 日　星期三

今日陰曆正月廿三日，是申叔滿十二歲生日（查申叔係壬申年陰曆正月廿三日酉時出世），亦就是三星期後，申叔娘娘因生申叔而去世。光陰如箭，不覺已十二年矣，回憶申叔娘娘臨終情形，如在目前。筆書至此，百感交加。

## 2 月 17 日　星期四

現在中國軍隊由印度進攻緬北之胡康河流域，迭有進展。英印軍攻緬南之阿拉甘一帶，毫無進步，有後退之勢。美軍在西南太平洋亦迭有進展，近更佔領中太平洋之馬紹爾群島，又砲擊北太平洋之幌延島。惟歐洲方面，盟軍久攻義大利之羅馬不下。足見中、美軍隊有犧牲精神，英軍尚多持重，更見德、日軍尚有堅守勢力。茲就一般戰況觀之，對于軸心軍不可輕視，同盟軍更要堅強團結、積極奮鬥，否則各為利害，則戰事結束遙遙無期。甚至同盟軍自亂戰線，予軸心有利機會，亦意中事。

## 2 月 18 日　星期五

政治部參事、張部長文白機要秘書盛莘農兄午後來訪，暢談最近軍隊政治工作以及一般人事問題。他以為文白辦理軍校十有餘年，學生遍中國，如再能將見客等小問題加以改良，則前途未可限量也。莘農是合肥小同鄉，軍官出身，在軍隊服務多年，余主皖政時，任彼為行政督察專員。此人性情忠厚，不過辦事

較為瑣碎也。

## 2月19日　星期六

午後偕惟仁夫人及倪秘書世雄進城。過南開看馴叔，他因寒暇大考時頭部碰傷，未能終考，將于下星期舉行補考。

## 2月20日　星期日
**記美軍襲擊土魯克島**

據東京廣播稱美機數百架及強大作戰艦隊，自十七日上午開始進擊日本在太平洋最大根據地之土魯克島。按土魯克位于拉布爾港北九百里，日本九洲島東南約二千二百里，該港四週有七十餘個大的珊瑚礁島環抱，中間是深水大港，只有西面一個大口可以出入大艦，另外有兩個小口，港內可容大量艦隊，是世界上有名軍港，為一堅固之天然要塞。日本自己承認此次被美國襲擊損失飛機一百廿架，各種船隻十八艘，其地面上各種損失亦很重，當然不止此數。這是日本在太平洋上第一次大失敗，美國進攻馬紹爾群島于前，復襲擊土魯克于後，使日本戰局已至嚴重階段。

## 2月21日　星期一

上午九時參加中央紀念週，後出席中央常務會議。午後林烈敷兄來訪，他新由川康滇邊區視察回來，說夷人對漢人太不平等，現有數十萬人子子孫孫為彼等奴隸，每年接近夷人地方，我漢人為彼抓去為奴不知幾

許，其他漢人在苗人範圍內亦復如此，應設法救救此等
苦難同胞云云。余深知漢人在蒙藏勢力範圍內也是受奴
隸壓迫，而中央一般書生及不明邊情人，反說我們對於
邊人不平等，高唱自決自治，真是遺誤國事。

## 2月22日　星期二

上午九時出席行政院會議。午後偕繾薾兄回看黃肇
宇兄，因民國廿七年冬曾借住其化龍橋房屋，惟仁夫人
以黃家不肯收房租，至今尚以為憾，故于今日特將其皮
袍、枸杞等邊疆土產，以了心願。

## 2月23日　星期三

午後四時至范莊孔公館出席中國銀行董事會，計
有檢討業務與人事等方針案，又核議本行卅三年度金
費四一一、四八九、七四五元案，最後決定董事會兩
個月開例會一次，必要時由董事長招集臨時會。至六
時散會。

### 記日本政局之混亂

敵人內部意見久不一致，近自土魯克慘敗後，全國
驚駭，人心大感不安，乃將內閣局部改組，更換財政、
運輸等大臣，現又將杉山參謀總長與永野軍令部長免
職，而由東條首相以陸相兼任參謀總長，島田以海相兼
任軍令部長，是明治維新以來未曾有的事。參謀總長與
軍令部長協贊天皇掌握陸海空軍的大權，現既由內閣掌
握大本營，當然不是尋常，足見其政略、戰略之失敗，
人心恐慌，更可見敵人有拚命可能。目前對敵人初步攻

勢已使敵人搖動，我們應更謹、更堅決、更有力來加速
敵人崩潰，東條最後只有切腹。

## 2月24日　星期四

上午九時偕佶子、申叔至求精中學參觀資源委員會
工礦產品展覽會，各種礦產大致皆有，不過工業出品不
多。但玉門油礦乃全展覽會出品之冠，抗戰期間能如
此，總算有進步。

## 2月25日　星期五

上午九時接見西康駐渝辦事處長楊家楨。因他是陸
軍大學畢業，除與談西康一般情形，更與暢談此次國際
戰爭及日本戰略、政略之失敗。

## 2月26日　星期六

今日接見賓客甚多，其最者分記于後：
（一）內政部張次長維瀚，新由黔、桂、粵、湘、
　　　閩、贛六省視察回來，據云各該省一般政治有
　　　進步，地方治安亦可差強人意。
（二）老同學王驥（育良）年已六十，尚在軍政部任
　　　主任科員，託余向何部長進言。
（三）郭寄嶠兄來，云中央已決定任他為川鄂陝甘邊
　　　區總司令（駐漢中）。余勉之曰，此事不但有
　　　關軍事，更有關政治，這就是由軍入政之初
　　　步，深為慶幸，將來期望無窮。查寄嶠精明強
　　　幹、有守有為、富于理智，將駕吾鄉衛立煌而

上之也。

（四）何宗海（澤春）現在西北公路局服務。他的父
　　　親是余同學、老盟友，早年去世，宗海零丁孤
　　　苦，能將子女教育成人，殊屬不易，足見伊父
　　　忠厚待人之結果也。

（五）汪少倫，桐城人，現在中央政治學校任教務處
　　　副主任。據云皖主席保他任教育廳長，陳部長
　　　已轉呈行政院，託余今後關照。余特勉勵，並
　　　允隨時予以協助。

## 2 月 27 日　星期日

上午十時接見鄉人余松森君，下塘集人，中央大學
畢業，向在廣西服務，嗣又隨張義純（靖白）兄任秘
書，此次隨張下野來渝，由張介紹，擬在本會工作。余
滿擬延攬，惟本會現值緊縮之際，困難甚多，不免有心
無力，倘今後經費許可，自當代為設法也。許公武兄太
夫人在滬逝世，享壽八十五歲，現在南岸慈雲寺誦經。
余于今日午後二時半，偕繼蘅過江前往敬禮。

## 2 月 28 日　星期一

上午九時參加中央紀念，後出席國防最高會議。馮
委員玉祥臨時提議，擬請成立大帥府案，均以請示總裁
後，再提會討論。

## 2 月 29 日　星期二

上午九時出席行政院會議。據軍政部何部長報告，

因物價之影響，各兵工廠不能不裁減工友。現在所裁一
萬餘人，多是粗工，多是本地人，尚可自謀生活，如再
續裁，則是技術人員，是外省人，不旦影響工作，益且
影響個人生活。末言以現在預算，本人實在幹不下去，
惟有請政府另簡賢能云。復次，孔兼孔財政部長報告本
年財政不敷甚鉅，正在危險之中，更加供給在中國美國
人有關軍事用費每月四十五萬萬元，從三月份起，有三
個月每月要五十七萬萬元，其他成都修飛機場（聞需
三、四十萬萬元）以及修路等等臨時費亦甚鉅。前聞英
國財政部長上午仍在開會，下午即去世，不知他是急死
還是氣死，本人將來因為財政，不知是吊死或是急死、
氣死云云。話雖滑稽，確是財政緊張危急，個人責任重
大。又糧食部徐部長云吃公糧人太多，糧食支出較三年
前多百分之六十，長此下去，不堪設想。又經濟翁部長
云工廠紛紛關閉，其他如交通、教育等部無一不難。總
之，經濟未辦好，成此崩潰現象。今日各部會長官見面
時，咸以公家財政、私人生活均已至嚴重階段，為今之
計，萬不能再說空理論，亦不必論過去處理之不當，只
有一德一心研究，過此難關。馮煥章先生的公子洪志擬
往美國求深造，託余向總裁進言，經代轉呈，奉批照
准，由主管機關派遣等因。今晨（廿九）特往訪煥章先
生面談，擬請經濟部派遣，余遂即面商翁部長，承允照
派，並允由經濟部先予名義再派往，遂即作書介紹馮公
子謁翁部長。此事結果甚為圓滿云。午後三時回鄉。

## 3月1日　星期三

上午接見西北考察團員農林考察專責唐啟宇兄。據云時間八個月，經過陝、甘、甯、青、新五省，所有主張，很多出于本會資料室，因此與余所見大致相同也。

## 3月2日　星期四

近日氣候溫和，桃杏花開，野外散步，身心俱適。然抗戰已至第七年，而經濟又如此恐慌，吾人尚能得閒優遊，殊屬難得之機會。這是自知「一刻清閒一刻福」之道也，人苦不自知，往往已清閒仍煩惱，終日莫名其妙，不知清閒為何物，良可惜也。

## 3月3日　星期五

甘肅谷主席來電，本會天山（敦煌）調查組任玉琪、王述珊二員敲詐哈薩人。當即電復谷主席，本會即將該二員停職，請飭當地政府予以監視，依法嚴辦云云。果是事實，殊屬不法已極，且于本會名譽大有妨礙，自應澈底究辦。

## 3月4日　星期六

叔仁先生讀中國書很有根底，約在民國十年與余講孟子，近來與余講莊子。

## 3月5日　星期日

上午九時進城。午後三時陳伯南兄來訪，暢談他近來研究宋明亡國史，以及佛經與中國故有之文化，並研

究戰後個人出處，以做社會事業為原則，余深同情。余
趁此機會表示，余以儒、釋、道三家學說為修身治國之
唯一大道。彼此談一時半之久，情意相合，十分歡慰。
午後五時張靖白兄來談，請余向總裁進言，答曰遇有機
會，當可照辦。

## 3月6日　星期一

### 記蔣主席接見西藏代表轉呈藏方禮物

　　上午九時參加中央紀念週，後余陪同西藏代表阿汪
堅贊等四人在國府大禮堂謁見蔣主席，四代表獻呈達賴
佛、攝政達札佛、噶廈、四噶倫之賀函，並獻呈禮物。
蓋西藏人民聞悉蔣主席就職後，即準備賀禮，以示崇
仰，以交通不便，迄今始運到重慶。禮物中計有足赤金
則鑑（即美飾之意）二個（分送主席與夫人），以及足
赤金條七條等貴重禮物。主席接見後，邀入會客廳茶點
招待，對西藏情形垂詢備至。並謂近自國外傳來消息，
西藏在國外購買武器，又將設駐印度代表，甚願此項消
息不確，果有此事，中央決難容忍，我們自家內部事，
有時也可遷就，如果對外有出軌行動，中央絕對嚴加制
裁。過去成都到拉薩須六個月時間，現在飛機三小時就
可到達，為西藏計，一定要在祖國保護之下，才可安
全，否則輕信外人離間，則印度人民所受奴隸痛苦，就
是西藏人民之殷鑑，希將此意轉電藏當局。各代表允即
遵辦，遂退出。余再與總裁論蒙、藏。午十二時余約各
代表便餐，席間余詳述西藏政治、經濟、宗教、歷史以
及種種利害關係，均須與中央一致，方有出路，否則前

途不堪設想。

## 3月7日　星期二

上午九時出席行政院會議,因孔副院長赴昆明,蔣院長主席開會。通過青海等省府局部改組。

### 記蔣主席招待西藏代表午餐

清晨八時半,總裁親自向余打電話,擬于午後一時約余與西藏四代表午餐,當即電南溫泉約該代表等。至時余偕同前往,總裁首先向該代表等表示藏當局此次送禮,無以為報,擬送機關槍八架、拍擊砲四門與達賴喇嘛、達札攝政,另送四噶倫每人步槍四支。將來西藏國防上如需要軍火,中央可以供給,毋庸向外購買云云。席中余略述西藏山川風景。餐後該代表先退,余與總裁再略談。總裁問對于昨、今兩日經過如何,答曰昨日禮堂受禮、大客室訓話及今日之情形,技術甚為高明。

## 3月8日　星期三

陳光甫兄午後來談關于余向交通銀行借款事。因該行規章無信用放款,雖可變通少借,但無濟于事。只有用一廠家名義,以該行普通放款方式,用最低利息變象放款,一部分由光甫將該款託上海銀行代為經理,所得利益除按月付該行利息外,多餘利金歸余使用。此等變象辦法,皆光甫多次奔走得此結果,感佩殊深。惟現在經濟嚴重問題無法解決,我家目前生活雖稍可維持,而一般公務人員生活時在困難之中,我心實感不安。

## 3月9日　星期四

今日分別接見毛北屏、李中襄（立侯）、張辛南等。

## 3月10日　星期五

李文範先生的夫人病故，今日家奠，余于午後前往
致祭。其禮堂佈置甚簡單，抗戰期中應如此。何亞龍兄
四位公子（澤湧、源、誠、明）先後由蘇州來渝讀書，
今午招待便飯。得道叔姪來電，積芳姪媳于國曆二月廿
四日午後六時四十分（即甲申年陰曆二月初一酉時）產
男兒，適後日余六十一歲生日，聞此喜信，快慰萬分。
命名振鼎，並匯款二千元。

## 3月11日　星期六

清晨訪光甫，關于余生活費，據云自四月一日起，
按月支付一次，或兩月支付一次。如此圓滿，十分
感激。

## 3月12日　星期日
### 六十一歲生日之自勉

今日係甲申年陰曆二月十八日，余六十一歲（滿
六十歲）生日。余自獻身黨國，數十年如一日，平生向
上心切，時時想做到仰不愧天、俯不怍人、內不愧心功
夫。過去疊遭險阻，備歷艱辛，幸未誤趨途徑，多能應
付適宜。駒光易逝，年逾六旬矣，今後應本個人平素之
修養，社會之信用，益加奮勉。惟思孔子所謂「用之則
行，舍之則藏」二語，當奉之為座右銘，用之決不畏

難，舍之決不勉強，順乎自然。此乃現在與將來出處之主旨也。

現在一本服膺主義，擁護領袖，致力邊疆事業。苟利于國，如須奔走應付，或鎮撫一方之事，余亦願盡力赴之。更望領袖介兄享遐年，建中國，余得附驥做些救民事業，庶幾無負此生。萬一介兄先我而歸道山，則祗有閉門誦佛，頤養天年。倘國家紛亂無己，應社會需要，不得不出而周旋者，則以安定社會，減少人民痛苦為唯一之志願也。

今日（十二）上午九時過江赴南溫泉，再乘滑杆到白鶴嶺看陳果夫兄病。稍頃，羅佶子兄亦趕到陳宅，計談一時半之久。十一時半離陳宅回南泉，路過西藏辦事處門前，不得不入門與該代表一見，該代表留午飯，至午後二時半，偕佶子進城。

## 3 月 13 日　星期一

上午九時參加中央紀念週，後出席國防最高會議，蔣總裁主席。

## 3 月 14 日　星期二

上午九時出席行政院會議，孔副院長赴滇未歸，蔣院長親自主席。祗有四十分鐘，議案完畢，嗣院長略有訓示，總計不到一小時即散會。此乃余出席院會七、八年間最迅速之一次，足見蔣院長辦事簡單扼要。而孔副院長主席開會最快須二小時，通常三、四時不等，都是空話太多，亦是政治經驗不夠之故也。

## 3月15日　星期三

上午九時半到會辦公。因余在城日久，及高級人員先後入訓練團受訓，以致會務鬆懈，應加振作。

## 3月16日　星期四

上午九時，接見新駐藏辦事處秘書陳錫璋、科長李有餘，關于對藏問題詳加指示，又接見金志超、蘇魯岱兩參政員，他們為生活事有所請求。

## 3月17日　星期五

【無記載】

## 3月18日　星期六

上午九時西昌行轅張主任篤倫（伯常）由城來電話，云昨已晤總裁，奉諭關于西康事會擬計劃呈復等因，並擬來鄉見面。答曰，如余不進城，下星期一再通電話可也。總之西康事太複雜，不易就緒已非一日，且因此犧牲冷杰生兄，尤為遺憾，現在只有盡心竭力，詳細研究，求一光明正大辦法。午後一時總裁親自來電話，云拉卜楞黃司令正清母逝世，囑余代擬唁電，並代拍發，當答遵辦。現在邊事重要，總裁尤重視，因此余與本會責任重大。

## 3月19日　星期日

這幾天日暖風和，且無蚊蟲。在重慶如此好時光，每年不過一、二個月，更以居住鄉間，身心十分安適。

## 3 月 20 日　星期一

　　晨九時許出席本會紀念週,余先將本年一月三日暨十日,兩次國民政府紀念週中總裁訓話摘要恭讀一遍,對緊縮預算、撙節費用、訓練勤務諸點詳為闡明,勉勗各同仁恪遵訓示,刻苦自勵。繼述中央訓練團要旨,特為提出迅速、確實、靜肅、秘密及力行五事而予以發揮,希各同仁努力做去。末謂本會目前環境優越,雅為地方與中央其他部會所尊重,而本會之職責由是益重,各同仁尤須克盡厥職云云。十時半紀念週散會,續開五五區黨部黨員大會,改選各區分部執行委員。余致訓詞,略稱本黨組織以區黨部之地位最為重要,五五區黨部多是本會同仁,各位務須以身作則,研究本黨主義,以求澈底了解,矢志建設邊疆,轉移邊疆風氣云云。

## 3 月 21 日　星期二

　　因西昌行轅張主任篤倫明晨來鄉談話,以有關康、藏大局,特于上午約小魯研究。經三小時之久,結果主張取穩健態度,許圖發展。

## 3 月 22 日　星期三

　　上午九接見班禪駐京辦事處長季晉美,伊報告日前進謁總裁經過。上午十時張主任篤倫來鄉晤談,就川、康、藏大局加以研究,以情形複雜,一時想不出具體辦法。至張轉總裁諭,對于劉主席文輝入藏事會商辦法,余主張此事須俟沈處長宗濂入藏後纔可發動云云。計談二小時,相約未盡之意下次再談,遂留午飯而去。

## 3月23日　星期四

　　上午九時召開本會組長會議，所有薦任以上人員一律出席。先由各處室主管人分別報告，歸納言之，不外經費與人事均感困難，影響工作推進。余只得勉以就現在經費與人才加以努力，度過難關。當前物價日高，而公務人員待遇無法增加，即以余個人而論，生活日益艱難，現持借債，但借有窮時，瞻望前途，殊深憂慮。從前余于七年前初到重慶，白米三、四元一大斗，現至一千四、五百一斗，此不止少數公務員問題而已也。

## 3月24日　星期五

　　原擬星期日（廿六）進城，因青海馬副總司令步青（子雲）廿一日到渝，故提前于今日上午偕小魯進城。午後二時至嘉陵賓館訪馬子雲，談半小時。查馬子雲前駐兵甘肅之河西，盛極一時，自卅一年冬馬子香（步芳）來渝，主張河西駐兵撤退，子雲大感不快。昨年子香二次來渝，中央發表子香為集團軍總司令，子雲為副總司令，同時又將子雲柴達木屯墾辦裁撤。子雲大為不滿，乃于今年一月秘密離青回臨夏（合州）故里，殆過享堂，子香知之，則已追趕不及矣。日前又由蘭州飛重慶，因此子香分電中央各當局，攻擊子雲前在河西駐兵，民不聊生，中央一忍再忍，調為屯墾辦，毫無計劃，一意亂行，公私駝馬，損失甚重。又在臨夏以煙土強買民田，人民叫苦連天。請中央勿在與其面子，若予職位，難免舊劇重演，並請中央嚴懲隨來宵小之馬子高等語。蓋馬氏兄弟叔姪不相和睦由來以久，余近兩年來

均抱和解主張，此次擬待其晉謁總裁後，再行決定處理辦法。

## 3 月 25 日　星期六

上午接見馬子雲，談西北風土人情，未談政事。午後接見皖教廳長萬拜甫兄，據報皖省政治甚詳，不外地方不安、民生困苦，他因教育經費困難，無法維持，決定辭去教廳兼職，以免遺誤。沈宗濂兄經由印度入藏，英印護照已由英領館簽發。余前入藏過印之護照，係由倫敦政府同意英使發給者，經過情形非常困難，此次沈之護照，英印政府很痛快同意，此皆我抗戰之收穫也。本日（廿五）午後，沈宗濂兄來見，余特將有關藏事一切問題詳加說明，約一小時之久。

## 3 月 26 日　星期日

今日休息，與皓子先生談話終日。

## 3 月 27 日　星期一

上午九時參加中央紀念週，後出席國防最高會議。據軍事報告：

（1）敵人在長江及隴海、平漢兩路調動頻繁（美國消息，敵調駐滿軍往長江），似有向湘北或平漢線蠢動。

（2）新疆、外蒙邊境有警（另有記載）。

（3）我軍由印攻緬北，在胡康河谷地一帶節節勝利。英軍毫無進步，不料印度國民軍突破中部緬印印

國境，踏進曼尼坡土邦，正向首府伊姆法爾急進等報告，英國亦自認日印軍越過緬境。現在敵人攻勢甚猛，形勢嚴重，阿薩密州受大威脅。該州乃中印空中運輸途中之基地，萬一有失，其嚴重性可想而知。查印國民軍突入祖國土地，其影響英印政治最為重要，印度如大英帝國之心臟，故大英帝國之命運決于印度，為何印度鬧到如此地步，都是大英帝國自作自受之結果。

## 記外蒙新疆邊境匪警

接近外蒙之新疆阿爾泰山方面（承化寺），有蒙古人、哈薩人土匪約二千餘人。新疆軍隊往剿，遇匪飛機十餘架，用機槍掃射與轟炸，該機有蘇聯紅星旗標記，我向蘇聯抗議，蘇聯不承認。現匪雖被我擊退，但事件尚未了結，既有飛機作戰，當然是有背景。考其發生原因，不外：

（1）共產黨測動。

（2）蘇聯不滿新疆之措施。

（3）我方積極宣傳建設西北、開發西北之口號，以及不斷派員入新疆考察等等，引起他方疑慮與妒嫉。

當前希望此事安定下去，不再發生，尤望經此次教訓，今後本警覺態度應付新疆。我數年來對于邊事很少宣傳，可以說沒有說過空話，結果非常圓滿。須知邊人心理是不歡迎我們建設，恐怕我們侵害他的權利與習慣，何況只說空話，無事實表現，徒引起邊人懷疑與輕視，這是我們最不值得一件事。我曩向總裁建議，邊疆

地廣人稀，一時不易建設，須集中人力、財力辦一、二件急需的事，尤應著重邊疆一般政治，以求地方之安定，許圖建設云云。

## 3 月 28 日　星期二

上午九時出席行政院會議，大家都以公教人員生活的問題，討論多時，未得結果。現在不僅公教人員生活成問題，已漸漸影響工商業方面，市場可賣之物將賣完，經營工商業的人多已破產，或無利可賺，且無處可以借貸，情形大為不佳。在目前惟一有辦法的人，是收佃租的地主，及少數發國難財的人，倘大家都不了，你們少數享福的人，最後也是同歸于盡，是無疑義的。沈處長宗濂將入藏，午後六時為沈及其同行人員餞行，計到十三人。席間余簡單訓話，大意：（1）沈處長之品學；（2）西藏有關政治、國防；（3）尊重西藏風俗，如禮節等等；（4）余入藏經驗之所得；（5）同人入藏要注意團結，如忍耐、互諒、互讓、互助等等，至同去各位家眷亦要團結（孔處長之失敗就是同去夫人鬧意見）。午後接見軍委會中將高級參謀黃光華（號函夏），鳳陽人，曾任軍師長多年，人甚老練。

## 3 月 29 日　星期三

清晨晤陳光甫兄，告以個人用費即將告罄，請于下星期內有所接濟，承允照辦。午十二時半招待馬子雲及其隨員午餐。接見軍令部少將高級參謀黃師華（號御霄），將隨沈處長入藏。黃桐城人，在東北軍隊服務有

十年之久。接見王德蓉君，陸大第十五期畢業，是王三
爺胞姪，據云王三爺對于中央表示好感。何亞龍四位公
子來見，並送亞龍最近的詩。裴季浩兄到渝，午後來
見。據云黔桂鐵路已修至都勻，因經費關係，今年恐難
至貴陽。午後偕小魯、卓民等回鄉。

### 3月30日　星期四
永嘉禪師證道歌

　　心是根，法是塵，兩種猶如鏡上痕；
　　痕垢盡除光始現，心法雙忘性即真。

### 3月31日　星期五
　　今日是三月最後之一日，也就是卅三年已過去四分
之一，茲將過去三月中，國外、國內形勢分別言之。國
際間戰事，同盟軍久攻羅馬、格辛納之失敗，攻緬甸但
不但無進步，反使日印軍突入印國境。美軍在太平洋逐
島進攻，雖有收穫，但不能解決戰事根本問題，尤以盟
國各為自己利害打算，這是最危險的。至國內情形，除
鬧經濟恐慌、新疆匪警，以及徵用民工三、四十萬人修
築成都大機場外，以英、美宣傳要用中國大陸為基地進
攻日本本土，引起日本增調隊伍，大有先發制人之勢。
根據以上情況，同盟國必須切實合作，英國必須將取巧
態度變為澈底覺悟。我們中國只有用革命精神、軍事力
量，克復一切困難，如能夠自力更生，纔能達到人家同
情與幫助。

## 4月1日　星期六
　　章嘉來電，擬偕朝藏呼圖克圖來渝晉謁主席，當即復電歡迎。

## 4月2日　星期日
　　原擬今日上午進城，因馴叔放春假，昨晚來鄉（已半年未來鄉），故改于午後進城。

## 4月3日　星期一
### 記蘇聯干涉新疆剿匪事
　　關于新疆剿匪事，已于廿七日有所記載。今日上午十時出席國防最高會議，據外交當局報告塔斯社通訊，駐新疆中國軍隊去年末追擊難民，突入外蒙國境線射擊居民，外蒙軍即行反攻，已將新疆軍擊退。今後若有同樣事件發生，蘇政府為保障外蒙安全計，決本一九三六年三月十二日與外蒙共和國訂定之互助條約，予以外蒙一切必要之援助云。我政府申明一九二四年中蘇條約，蘇聯承認外蒙是中國領土，因此蘇聯不應干涉外蒙、新疆等語答之。我國軍隊在新疆境內剿辦土匪是分內的事，現在蘇聯出面干涉，今後發展未可預料。此事固于中、蘇感情不好，而于整個同盟國戰線都有影響。蘇聯對德戰事節節勝利，而又居進退自如、舉足重輕之地位，國際間均想與之聯繫，吾人于此時期應付蘇聯，是最難的事。
　　皖教育廳長汪少倫君今日（三）來見，表示他到皖後，本安徽人立場，在可能範圍內與廣西駐軍相周旋。

余曰變一句話來說，就是以良心人格，向前做去。

## 4月4日　星期二

上午九時出席行政院會議。

### 記調解馬氏兄弟

總裁日前手令，馬步青（子雲）已晤見，近日身體不適，未予詳談，請兄與之多晤，預洽為盼等語。近兩年余對青海調整非常苦心，勸解馬氏兄弟和好亦是責無旁貸，惟子雲、子香互相攻訐，不留餘地，吾人居間頗為不易，稍一不慎，雙方不滿。今日午後子雲來見，余正式表示願作調人，他亦表示接受，對子香不滿的話甚多，他希望得一面子。今日初次談話，故未談具體辦法，余意應以緩進方式，隨時與子雲交換意見，總以不得罪子雲、不刺激子香原則下想一個妥當辦法，並即擬將接洽情形呈復總裁。

伍克家兄日前由滬來渝，本日（四）午後來晤，據云上海生活與此間相等，一般同胞均有抗戰快勝之信念。

## 4月5日　星期三

家用已罄，交通銀行借款雖有可能，尚未辦妥手束，遠水救上近火。陳光甫兄特來訪，談及此事，即由上海銀行先挪四萬元以濟急用。晚八時偕申叔到嘉陵賓館聽音樂。

## 4 月 6 日　星期四

上午九時回鄉，馴叔春假已滿，午後回南開學校。查馴叔在南開讀書將六年，素來由校回鄉宅都是來往步行，很少搭余進城便車機會。他能如此吃苦，毫無貴族小姐架子，真是難得，余很歡喜、很快慰。

## 4 月 7 日　星期五

天植姪來電，家眷去世，中年喪妻，萬分不幸，且有弱小子女多人，尤為可憫。天植于民國廿九年回皖，余本不贊成，嗣因父病，不得不返，繼而父故，不得不留鄉料理家務。余在渝迭次代謀政治位置，均無成就，蓋因本人不在重慶，機會容易錯過。今年來電，擬辭去第三臨時中學校長，來渝服務。現遭妻喪，為子女計，一時更不能外出，影響其政治前途至深且鉅，何命運如此不佳耶。天植秉性篤厚，有守有為，可為國家效力，亦吾于姪輩中所最期許者也。

## 4 月 8 日　星期六

這幾天日暖風和，身心舒適。查重慶氣候僅有陰曆三月及十月最佳，其他月內非炎熱即霧濕或蚊蟲多，與人身體很不相宜，尤以傳染病、肺病所在，都是一般外來公務人員視重慶為畏途，皆思早日離開。

## 4 月 9 日　星期日

上午九時偕麗安、光叔進城，過南開看馴叔。馬子香再來電反對馬子雲，我們應付更難。

## 4月10日　星期一

上午九時參加中央紀念週，後出席國防最高會議。據軍事報告，敵人在平漢北段一帶集結之 35、37、110 三師（都是精銳）已調往浦口，究向何方使用，尚未探明，但就全般推測，以調出海外公算較多。因此北戰場形勢和緩，惟長江方面，敵人調動頻繁，似有在粵漢線蠢動可能。又據中央吳秘書長報告總裁手令，擬于五月廿日召開中央第十二中全會，因時間關係，即先發通知，再于下次常會時正式提出。駐藏辦事處沈處長宗濂及全體同仁，日間將陸續飛印度集中入藏，特于午後三時同來辭行。余詳加指示與勉勵，計一時半之久。田崑山兄午後四時半來訪，談西北情形，他對于現勢諸多不滿。

## 4月11日　星期二

上午九時出席行政院會議，通過以孫際旦為本會委員。孫湖北人，向在西康服務，此次由劉主席自乾保薦冷杰生兄之遺缺。

## 4月12日　星期三

上午八時半，中央組織部主任秘書王啟江君來，談青海省黨部馬主任委員步芳來電，擬免去郭委員學禮職，推薦吳天植繼任，詢余意見。答曰因余與青海關係，天植前往，能使青海與中央政治聯繫上更有進步，且于一切關係上，均可加強，容易收效。至王君希望長期擔任三、五年的話，似太政客化，只得答曰此事要問

他自己，余未便代為作主也。參政會駐會委員朱貫三兄來訪。朱係甘肅人，任甘肅省黨委員十有餘年，此次開去黨委任參政員，朱是不願意的，與組織部發生很大意見。上午九時偕麗安、光叔訪陳光甫兄。麗安並與伍克家兄見面，詢問國書生前託代經手款項的事，伍云確有此款，惟因日久記不清楚，當即函港行查明。

## 4 月 13 日　星期四

關于西藏擬派駐印度代表，以及在印度購軍火事，總裁于三月六日面向阿汪堅贊四代表警告，並諭轉告藏當局。茲該代表等接藏政府之復電，稱現在西藏尚不須派代表駐印，至在印運藏之子彈等等，係從前定購，分年交貨運藏，並非新購者等語。西藏既能不承認派駐印代表，就是警告之收效，所以能如此者，都是事先情報準確之結果也，情報之重要于此可見一般。

## 4 月 14 日　星期五

和群姪甚聰敏，因抗戰耽誤，大學未能畢業，尤以未能受到余直接教育為可惜。現在本省教育任工作，茲特寄左列數語以勉之：

做人，要讀書、要明理，勿自滿、勿欺人；
做事，要切實、要廉潔，勿招謠、勿僥倖。

## 4 月 15 日　星期六

葉元龍君長女公子，今日在嘉陵賓館與翁公子舉行結婚典禮，余特于午後二時偕芋龕、文叔等前往慶賀。

接見章嘉、朝藏兩呼圖克圖。朝藏向駐錫青海廣蹟寺，
現年卅餘歲，係章胞姪，此次隨同章嘉來渝晉謁主席，
觀光陪都，增長見識。

## 4月16日　星期日

上午九時接見西康德格巴邦寺嘉養親增活佛，及白
利小土司宮布旺堆。該親增佛此次應護國息災法會之聘
來渝修法，一行喇嘛人等十八人，于昨日午後到渝，下
榻本會招待所。親增法名甘瑪信彭多吉，今年四十九
歲，學行俱深，聲譽素著，曾兩次赴藏學法，並遍遊不
丹、尼泊爾、印度聖地瞻禮，現擬晉謁蔣主席，並擇期
修法。

## 4月17日　星期一

上午九時參加中央紀念週，後出席中央常務會議。
推余主席，通過五月廿日召開五屆第十二中全會等要
案。又中央執行委員王用賓先生本月七日逝世，特為默
念誌哀，並決議函國民政府明令褒揚，並給予卹金十萬
元。經二時半之久，會議完成。午十二時半招待章嘉、
朝藏兩呼圖克圖午餐，以萬拜甫、裴季浩等作陪。敵機
來川偵察，本市下午一時半懸掛三角球，二時半落下，
此為重慶本年度第一次懸掛三角球。午後三時接見中央
訓練團高級班學員楊敬之兄。楊都人，回教徒，現中央
組織部專員，很能說話。又接見西康保安保處長王治人
兄，暢談西康一般情形，約二小時之久。

## 4 月 18 日　星期二

上午八時訪陳伯蘭兄，並送金剛經、藏香等，因伯蘭兄前次來談，有心佛法之故也。正在談話，忽有警報（此乃今年第一次），至煙雨洞躲避。十時解除警報後，遂即出席行政院會議。孔副院長主席，表示原來期望戰事今年可以結束，但以現形勢，即至明年亦無結束把握，前途多難，無待諱言，而各方對行政院又不量解，擬退位讓賢云云。現在最大危機是經濟，無論何人任行政院長，若無辦法，仍是失敗。

## 4 月 19 日　星期三

今午十二時，假國民外交協會歡宴清增法師及隨來僧眾，邀請戴院長季陶、周部長醒甫、徐部長可亭等作陪。席間余簡單致詞，對親增法師品學高超、道行優越加以讚揚，並指出親增過去本為甘孜白利土司之承襲人，而捨去優越之環境，值得欽佩。親增答詞，祝中國早日勝利。至二時歡散。午後甘肅教育廳長鄭通和（西谷）來訪，他認為甘省教育已至最高峰，且經費大感困難，無法再求進步，擬請辭職，希望任大學校長。

## 4 月 20 日　星期四

上午八時半偕麗安、襄叔、光叔參觀全國公路展覽。分別回拜章嘉、朝藏、親增親增三呼圖克圖，並與親增談康藏政教，親增頭腦清楚，確有修養。親增今午後由本會招待所移住滄白紀念堂，明日開始修法。交通部曾部長養甫來訪，對于現在經濟之危機甚為憂慮，想

不出好的辦法。午後中央訓練團高級訓練班學員洪軌來
訪。洪江西人，曾于民國十六年在南昌與余見面，現在
西安幹部訓練團任政治總教官。與余談政治、經濟，亦
認為經濟想不出好的辦法。

## 4月21日　星期五

　　上午七時，第四十集團軍參謀長安舜來訪。安（號
賓堯）保定人，此次奉青海馬主席之命來渝接洽要公，
並請馬子雲副總司令回青海（子雲表示不去）。安報告
青海一切有進步，馬主席每日晨三時起身禮拜，六時
半到省府與省府同人同室辦公，九時聚餐，一直至晚八
時始休息。聞善即行，勵精圖治，惟技術落後，尚待改
良。談一時半之久。十時軍委會辦公廳賀主任國光來
訪。他在川服務多年，情形深為熟習，因此暢論川康軍
政，認為政的方面不在政治，而在人事，軍的方面不在
軍事，而在社會，現在內容複雜，隨時可以發生事端。

## 4月22日　星期六

　　胡叔潛兄來談，擬在西昌方面組織類似鋸木公司或
林懇合作社，請余有所指示。答曰以現在市面情形，資
本尚不難籌錯，為最要注意者，是與地方人民永久合作
之計劃也。午後接見馬步青之親信袁耀庭，表示贊成余
調解馬氏兄弟，並報告西北過去情形。六時章嘉辦事處
長李壽山在勝利大廈招待余與章嘉晚餐。九時半訪張文
白兄。

## 4 月 23 日　星期日

午後接見故友蔣雨岩先生女婿厲德寅君，現任經濟部參事，正在中央訓練團高級班受訓。陳布雷先生娶媳婦，禮堂在中美文化協會，余于午後二時前往致賀。侍從室俞組長遠（平遠）將赴甘肅河西任集團軍副總司令，俞秘書國華將赴美國留學，特于午後六時半在國民外交協會為之餞行，以陳芷町、汪世銘等作陪。

### 吳和生兄被扣記

本月十八日突接少祐兄電告，和生四月四日在鬱林為綏署團部扣留。旋得張任民兄寒、巧兩電略稱：「和生被捕情形，係少祐兄在廣州灣交帶長函與公，為斡旋中日和平，並付與彼與日敵駐灣機關長佐俗俊一交談來往各函多件」云云。查余對此事事先毫無所聞，過去余迭勸少祐兄不問政事，閉戶讀書，休養身心，奈其主歡觀太重，視事太易，致演成今日之變。雖少祐居心或無他意，余為此事，于公于私均難措施，余惟有將少祐、任民原電一併檢陳總裁，聽候核奪而已。

## 4 月 24 日　星期一

上午九時參加中央紀念週，後出席國防最高會議。下午三時參加在渝中央委員談話會，研究五月廿日十二中全會之議案。此次全會之目的在實行民主政治，因此同人均以應先由黨內民主化做起。旋又決定將提案委員會改為研究委員會，並擴大之，所有在渝中央委員一律參加。同人主張全會主席團以及中央黨部秘書長、部長等，應行選舉制度。就會場情形觀之，此次全會必有

新的發展。晚間訪陳光甫兄，以物價漲無止境，確是危險，但無挽救方法，日向崩潰之途。

## 4月25日　星期二

上午八時接見四代表阿汪堅贊等。據稱羅桑札喜代表請假回藏，擬請將總裁所允許賞賜達賴等武器發下，交彼運藏。當囑其另具公文。上午九時出席行政院會議。據軍事報告，豫省戰事自日前暴發以來，漸漸擴大，現正在鄭州一帶激戰中，同時敵在歸德集中兩個師團，在黃河北岸新鄉一帶集中三個師。聞此種師團均由東三省調來者，其他各戰區敵人亦調動頻繁，以一般情形推測，或將在平漢線演成大會戰，抑或聲東擊西，其目的在打通粵漢路。

## 4月26日　星期三

上午接見蒙古同鄉白雲梯、吳雲朋、巴文俊、經天祿等數人，為蒙古人最窮困者，請求補助。當即允向總裁請示，但一般生活之艱難所在皆是，何止蒙人而已哉。

## 4月27日　星期四

關于馬子雲、馬子香兄弟事，除迭與馬步青（子雲）晤談外，並經電勸子香加以忍耐，囑其派負責代表來渝洽談。茲接復電，甘肅谷主席正倫知之頗詳，谷即將來渝，託其與余商酌處理等語。現在彼兄弟俱表示接受調解，或可得一相當辦法也，當即將經過情形轉

呈總裁。

## 4 月 28 日　星期五

上午九時出席本會組長會議。

**記藏事**

過去與西藏各種懸案未結，最近又有數事發生：

（一）喜饒格西一行十餘人入藏。行抵黑水，藏官聲
　　　稱西藏國禁止外人入藏，阻止喜饒前進，並兩
　　　次傳訊，施行嚴密檢查，令速離藏境等情。已
　　　于本星期二晨面告西藏代表，喜饒等入藏禮
　　　佛，藏方不應阻擾，望即電噶廈放行。

（二）本會駐藏辦事處長沈宗濂入藏事，前經西藏政
　　　府來電歡迎。其第一批十餘人已于日前飛印，
　　　其第二批十數人，英方根據藏方要求，不予簽
　　　准護照。此事除派員與西藏代表商洽外，並電
　　　噶廈嚴重交涉。

（三）據報康印道中之察隅開來英兵五十名，建築營
　　　房，聲稱收租。此事已一面請各有關機關方面
　　　詳查，一面面告西藏代表轉電噶廈詢問。

## 4 月 29 日　星期六

本擬明日進城，因麗安牙痛，故于午後偕其進城。

## 4 月 30 日　星期日

午後接見黨政高級班學員董文琦、高伯玉、張泰祥
等七人，他們都是有專門學識，有政治地位，當就各人

業務一一加以詢問，余亦略略發表意見。午後六時招待
黨政高級班第一期安徽同學汪祖華、李冶民、佘凌雲、
周鼎新、許卓修、劉青原六人，第二期同學韓聯和、張
國鍵、吳業祥、汪一鶴、張果為、歐陽崙、黃夢飛、汪
昭聲、謝仁釗、羅剛、王南原、周昆田等十二人。席間
祇就同鄉感情，彼此聯歡，隨便談談，非常自然，非常
快慰。

## 5月1日　星期一

上午九時參加中央紀念週，後介紹章嘉、朝藏、親增三活佛謁見蔣主席。彼等退出後，余向主席報告政務如下：

（一）請賞賜三活佛旅費、禮品。

（二）英領館根據西藏要求，拒簽沈處長入藏第二批人員護照事，及西藏拒絕喜饒嘉錯入藏事，均正在向藏質詢中。

（三）沙王擬來渝，惟沙年高而天熱，擬電其秋涼再來為妥，當允照辦。

（四）馬步芳、馬步青兄弟之爭已接受調查，俟甘肅谷主席到渝後再商辦法。

（五）迪魯瓦呼圖克圖擬到蘭州暫住事。

### 記出席十二中全會提案研究會

午後三時出席十二中全會提案研究會，以研究政治問題為中心。孫委員哲生提議蒙藏應施行如英國之加拿大自治領。邵委員力子主張對蒙藏不能武力解決，要用王道德化等方法，就是獨立亦不要緊。余因蒙藏事有關外交、民族、宗教，十分複雜，恐引起他方誤會，向來不用文字宣傳，亦很少演講，今次自有詢問，不得不有所表示。大意：

（一）將有對于外蒙、西藏兩地方施行高度自治。

（二）蒙藏本身對中央無問題，其問題在外交（如英國在藏特權），倘外交問題得以解決，其他問題即迎刃而解。

（三）我們對藏無用兵之意，但西藏在金沙江西岸調

動軍隊，將對我用兵。

（四）我們與外蒙往來人員、交通久被封鎖，與西藏
　　　往來人員亦屬勉強，其他問提更可想而知。

（五）在抗戰期間，以安定大後方為原則，數年來尚
　　　未發生大的事端。

（六）邵先生說就是獨立亦可不管，請問在坐諸位同
　　　志贊成獨立乎？假使獨立，老百姓是不贊成
　　　的，歷史上亦是不贊成的。就照孫先生所說自
　　　治領辦法，我們可派總督到外蒙乎？我們可派
　　　長官到西藏乎？我們若宣布自治，他不但不接
　　　受，還要生反感。

　　總之今日中央諸公多不明白邊情，又好亂作主張，
吾人負實際責任，難乎為濟矣。


## 5月2日　星期二

　　上午九時出席行政院會議。午十二時招待迪魯瓦呼
圖克圖午餐。午後見客如下：

（一）方希孔他想做實際工作，託我向果夫、立夫說
　　　話。答照辦。

（二）陳靄士、屈文六、黃蘅秋談親增修法事。余因
　　　天氣太熱，主張早日送他回康。

（三）侍從室同人蕭化之、羅佩秋、俞平遠、仲肇湘
　　　等。余發表清朝治邊辦法。

（四）張華戡新由新疆回來，據云新疆尚未十分安定。

（五）嚴傑（號雨生）我向來不認識，新由桂林來渝，
　　　佶子先生女公子明慧託他報告和生被捕案。據

云和生將由鬱林師部解柳州長官部。果爾，較
易解決，當即託嚴電請張任民兄就近照料。

## 5月3日　星期三

上午八時訪魯佩璋兄。午後接見陸美輪兄，談修西
藏公路事。余告以邊地人煙稀少，先要注意工人招集以
及工人之食住，尤其要注意工務完成後之管理，否則徒
費時間，徒費金錢。宋子文兄約晚餐，午後偕胡叔濤夫
婦前往化龍橋宋宅，在坐無外人，彼此暢談國際大勢及
邊疆情形，至十時半盡歡而散。彼此認識雖久，從來未
有交談，今次破天荒談話至四小時之久，殊出意外。總
觀宋氏性質外剛而內柔，有魄力想做事。

## 5月4日　星期四

上午訪陳光甫兄。接見馬子高兄，宣告馬子香接受
調解，請轉告馬子雲。午後接見高級班同學李支（號元
寔）、陳新孝、孫典忱諸君。

## 5月5日　星期五

本日是革命政府成立紀念日，上午九時在國府大禮
堂隆重舉行紀念會，同時舉行國府授勳典禮，到國府委
員各部會長官二百餘人。蔣主席親臨主持，領導行禮後
行授勳禮，並訓話，授余一等景星勳章。自覺服務黨
國數十年，雖無大過，就屬不敢言功，今受此勳，慚
愧殊深。

## 5月6日　星期六

上午八時出席第十二中全會提案研究會第三次會議，繼續研究政治問題，均集中于民主及行政機構。余以為我們自己要信自己，不要為人所搖動。晚七時徐部長可亭兄來訪，暢論經濟之危機，彼此均主將有關必要生活之米、糖、油、炭、火柴等專買集中，另設一個類似物資總監部統一辦理，或可挽回經濟危機于萬一也。

## 5月7日　星期日

今日接見注意邊疆問題黨政高級學員楊覺天、陳必覎、周開慶及鄭天健、馮世範諸君。又見非高級班學員駱介子（駱駐澳州將十年，對英國自治領有深克之研究）。

## 5月8日　星期一

上午九時出席中央紀念週。十時總裁召見各機關卅二年度考績特保最優人員，由各機關長官陪見。本會被召見者為張科長仲徵、馬薦任科員肇彭，余參加陪見。總裁一一點名後，並作簡單訓話。十時四十分出席國防最高會議。據軍事報告，中原現正大會戰，我軍堅守洛陽城，倘敵人不再增援，則現戰局尚可維持。昨晚因與徐部長在庭院坐談過久，小受風寒，今日身體頗覺不適。

## 5月9日　星期二

上午九時出席行政院會議。午後偕麗安回鄉，過南

開看馴叔。余因小傷風，身體疲困。

## 5 月 10 日　星期三

現在物價繼漲增高，有突飛猛進之勢。白米一老斗（三市斗）已漲至二千二、三百，較戰前漲至千倍。此不僅影響公教人員，已影響一般平民生活矣。

## 5 月 11 日　星期四
### 記美國援華

最近美國參議院通過租借法案時效延長一年，至一九四五年六月卅日。美國租借法案援助最多者當推英國，次多者蘇聯，中國佔不滿百分之二。吾國抗戰八載，犧牲重大，於盟國之貢獻尤多，而美國援華物資則微乎其微，已足令人失望，近更任意誹謗吾國政府，天下寧有此理耶。夫所以致此者，我外交當局實不辭其咎也。

## 5 月 12 日　星期五

上午十時召開本會第三〇〇次會議，因無特殊議案，改為談話會。至十一時半散會。

## 5 月 13 日　星期六
### 論個人生活

親戚朋友都說我年事已高，生活太苦，應有相當營養。我深知此中道理，惟現在一般經濟困難，何忍談到個人享受。如果政府諸公都能過此簡單生活，或者稍能

轉移社會驕奢風氣，並為戰時公務人員生活之榜樣。犧牲小我，幫助大我，亦克己恕人之道也。

## 5月14日　星期日

小傷風日漸痊愈。昨日天氣甚熱，至九十四度，昨夜大風雨，氣候轉涼，至六十九度。

## 5月15日　星期一

上午九時主持本會紀念週。最近豫中各路戰事均激，洛陽工事堅固，仍由我軍固守。蓋自敵人由北岸桓曲渡河成功後，即在澠池一帶鏖戰，因此洛陽後路中斷，形勢更孤。

## 5月16日　星期二

前聞英國駐兵察隅，當經面囑西藏代表轉詢藏當局，茲得復文確有其事。惟此事有關外交與國防，余未便籌擬對策，就余個人意見，應該向英國嚴重交涉，當即轉請總裁核示。總之英國為鞏固印度，不放鬆西藏更為明顯，最奇怪是中央有人高唱民族獨立與自治自覺等等口號，而不知外人陰謀，良可惜也。

## 5月17日　星期三

重慶平時氣候濕熱，冬季大霧，不見天日，因此患肺病者多。本會前總務處長江養正、簡任秘書張國書，以及低級職員高森、吳東才都是肺病逝世，現在尚有職員八人患此病者。所以如此者，固屬氣候不佳，而營養

不足乃是最大原因。惟有希望早日抗戰勝利，早日離開重慶，否則吾人之健康時在恐怖之中。

## 5 月 18 日　星期四

上午九時偕小魯進城，晚七時應翁部長晚餐。午後四時，方中央委員希孔來訪，為彼個人事託我向陳果夫兄弟進言，謀一實際工作。青海馬主席保天植為省黨部委員，已于十五日經中央常會通過發表。以天植之資歷及我與廣西歷史之關係，而廣西主政皖省，理應給天植相當之位置，乃無此希望。可以說是廣西不懂政治，亦天植運氣不佳也。

## 5 月 19 日　星期五

上午八時出席中央常會臨時會。討論十二中全會主席團事，擬改為選舉。又討論全會日期日程表，暫訂為五日至七日，由全會決定之。午後潘委員公展等來訪，請我于此次全會向總裁進言，最重要是黨務。午後六時黃紹宇、黃光耀兄弟在勝利大廈招待晚餐，在坐者都是鹽務機關人員。

### 論現在戰鬥工具與技術

生產工具決定戰鬥工具，生產技術決定戰鬥技術。現代生產趨于機械化，所以國軍裝備也要機械化，才可以擔當現代科學戰爭。

## 5 月 20 日　星期六

因開會事忙，以下一星期之日記，由余追記，文叔

代抄。上午八時出席第五屆十二中全會開幕典禮，禮堂
在國民政府。蔣總裁親臨主持，並致開幕詞，指示革命
環境歷史及全會任務、同志責任，其中最重要之話為
抗戰七年，現在正當最後勝利前，必須作最艱苦戰鬥之
階段，無論在物質方面、精神方面，皆要與戰事相配
合。我們最要緊的，第一必需有自信心，第二必需有責
任心，第三必需有忍耐心，自我檢討，共相策勉。全詞
歷卅分鐘，始畢。禮成後，旋即召開預備會議，仍由蔣
總裁主席，票選戴傳賢等十一委員為大會主席團，十時
四十分散會。晚八時總裁在官邸約余等常務委員晚餐，
徵詢同人對於此次全會意見，同人多有發表。總裁結語
此次全會要使人民安慰，又云現在河南戰事雖欠利，無
關大局，但軍事確有把握。

## 5月21日　星期日

上午八時出席第一次大會，向全國抗戰陣亡將士及
國內外死難同胞默哀致敬後，大會隨即聽取黨務報告，
各委員旋就黨務提出質詢，經由各部會長官分別答復，
十二時散會。午十二時半到光甫家午餐，據云前談交
通銀行借款未得結果，前次四萬元係由其設法，今後仍
當繼續接濟等語。光甫熱心，真是可感。而交通先經陳
果夫關說，允為幫忙，經光甫接洽，又出難題，實欠妥
當。午後出席審查會，與甘肅谷主席交換調解青海馬氏
兄弟意見案。余家工友老楊有病，不過三數日即病故，
殊屬可憫。隨從安金聲患吐血病甚劇，伊隨我多年，辦
事穩妥，深資得力，從未誤事，本擬到蘭州療養，現在

只得暫緩。

## 5 月 22 日　星期一

上午八時出席總理紀念週，蔣總裁主席，並致詞，指示革命奮鬥艱苦及前途光明，勉勵同志對於軍事、外交、政治、經濟樂觀情勢應有根本認識，加強革命信心，發揚革命精神。九時舉行第二次大會，聽取政治報告（五院），各委員旋紛紛提出質詢，十二時十分散會。午後三時出席審查會。老友王季文兄由桂林來電話，已由澳門回抵桂林，身體有病，尚未回復健康，余加以安慰。季文兄年來運氣確是欠佳，自香港戰事發生後，受盡危險，受盡辛苦，其精神受大打擊，財產損失殆盡，今生命尚存在，乃不幸中之大幸也。既經此大打擊後，一切習慣當有大改變，思想與行為當有進步。

## 5 月 23 日　星期二

上午八時出席第三次大會，繼續政治質詢，各委員發言更為熱烈，對於國民生計、醫藥衛生、行政效率、公教人員生活暨吏治紀綱，均有意見陳述。各詢問案因時間關係，改由主管長官書面答復。休息十分鐘，聽取軍事報告，甚為詳盡，各委員於聽取之後，益為興奮，咸信同盟國必能於短期內擊潰德日軸心，而吾國最後勝利即將來臨。十二時十分散會。晚間與青海馬主席之親信省府馬秘書長詳談調解馬氏兄弟之經過及余之苦心，並商量調解方案。

## 5月24日　星期三

上午八時出席第四次大會，午後繼續開會，繼續軍事報告、外交報告及物價管制報告，有關質詢分別答復。再後依次浙、甘、閩、川、桂、黔、贛、康各省主席施政概況報告，六時散會。午後一時西康劉主席來訪，據云昨晚晤總裁時，奉令有關康藏問題與余研究。余當將西藏近情以及英國最近之動態一一說明，結語為英國為把握印度，必須控制西藏，因此影響西南國防，康滇首當其衝，目前雖無事，將來隨時可以發生問題。劉深以為然。

## 5月25日　星期四

上午八時出席第五次大會，午後繼續開會，討論提案卅餘件，其重要者：（1）加強推行地方自治案；（2）確立中央與地方行政之關係案；（3）改善出版檢查制度案；（4）擬請部份實徵日用必須品配給公務人員以資救濟案。五時十分散會。午十二時半招待欽增午餐，為之餞行。因彼在渝修法圓滿，日間將返西康。

## 5月26日　星期五

上午出席第六次大會，通過討論加詳管制物價方案緊急措施案。此案曾經一度提出大會討論，以關係重大，爰組織特種審查委員會，數度開會討論，製成修正案，交今日大會討論。經一小時半之詳密討論，修正通過，並決議穩定經濟、管制物資，亟應特設一強而有力之機構，俾得集中事權，統一指揮，交中央常會迅即決

定辦法施行。又通過大會宣言。最後以中央組織部長
朱家驊懇請辭職，由大會改選陳果夫繼任。十時半散
會。十一時舉行閉幕典禮，蔣總裁主席，並宣讀大會
宣言，隨即禮成。此次十二中全會共歷七日，作一結
論有如下四點：

（1）鞏固經濟，改善軍民生活。

（2）提高行政效率，加緊推行地方自治。

（3）厲行法治，保障民權，尊重輿論。

（4）將設立一管制物資之有力機關。

## 5 月 27 日　星期六

上午甘肅谷主席來談馬步青事，經一再研究結果，
擬任步青為軍事參議院中將參議，或軍委會軍事參議
官，暫回蘭州住相當時期，再回青海，或仍回中央供
職。即日呈請總裁核示。午後接見駐藏辦事處主任秘書
陳錫璋，伊明日飛印。又接見西康公路局長陸美輪，伊
擬修西藏公路，余告以西藏人煙稀少，而衣食住行均成
問題，即修成後，如何保管亦成問題，現在只能先行研
究設計。至康青公路，國家用費很多，將來完成後，中
央一定派大員驗收，應即注意工程，以免臨時有所指
責。伊深以所語為是，允即特加注意。晚七時蔣總裁假
中央黨部招待全體中央委員及各省主席晚餐，並有簡單
致詞，末謂最近六個月是我們最艱苦的，但決不要緊
的。據余觀察，自河南戰事失利，洛陽淪陷後，聞敵人
仍將駐滿州軍隊向內移動，粵漢線受威脅，因此軍事不
免吃緊，同時經濟又如此危急，真是困難之至。

## 5月28日　星期日

故友楊滄白先生移靈東溫泉安葬，今晨八時在朝天門碼頭舉行公祭，余親往參加。午十二時與徐可亭兄共同招待劉主席及其同來午餐。

## 5月29日　星期一

上午八時看陳伯蘭兄病，係患最重黃水瘡，已臥床三星期矣。上午九時出席總理紀念週暨全國行政會議開幕典禮，在渝各省主席、廳長均參加。蔣總裁主席，領導行禮，並訓話，指示加強推行地方自治，實施新縣治，中央與地方行政關係，歷時廿五分始畢。九時四十分出席中央常務會議，總裁主席。討論關于穩定經濟管制物價，擬特設一強有力機構，通過設立國家總動員統監原則，交付審查，下星期一提出國防最高會議。又軍事報告，敵人在湘、鄂集中六、七師兵力，已在湘北蠢動，同時廣州亦增兵云云。蓋自敵人與蘇聯量解後，抽調駐東北軍隊五十萬人，大部出海，一部入關。此次敵兵雄厚，將向我各戰區分頭進攻，打通粵漢線之企圖，我方今後數月確是艱苦。午十二時傅伏波約午餐。午後三時出席行政會議預備會及第一次大會。安徽同鄉羅北辰等來見，擬請我任同鄉會理事長，當即力辭。同來有吳清風、吳道明、蘇雷、徐明亞。

## 5月30日　星期二

上午八時出席全國行政會議第二次大會，討論加強推行地方自治。各省主席分別陳述辦理概況及今後如何

改進方針，最後蔣兼院長對各地方長官所提各項問題分別予以指示，十一時散會。十一時廿日訪陳光甫兄，又承接濟生活費五萬元。常此有累朋友，心感不安，益以余個人生活在目前雖可維持，而大多數受生活壓迫者，不知將何以為生也。張任民兄此次來渝出席十二中全會，明日回桂，午後六時特與其商量吳和生兄事。現在和生已移至柳州長官部，張長官予以優待，余特致張長官一函，託任民帶交，申明和生決非漢奸，惟妄談和平，殊屬荒謬幼稚耳。並託任民與張長官面商，可否暫時取保。

## 5 月 31 日　星期三

午前八時出席第三次大會，檢討安定物價穩定經濟問題。各省當局報告各該省實施管制物價之情形，至十一時，蔣兼院長指示當前經濟問題之重要方針，對于公教人員之生活特別注意。午後六時半至中央黨部參加行政院各部會長官公宴，各省來渝出席行政會議人員參觀張大千先生臨摹燉煌壁畫，都是唐朝古跡及西域歷史人物，規模偉大，誠國畫家稀有之作品。

## 6月1日　星期四

上午八時出席第四次大會（下午繼續出席大會），大會除對中央全會交議各案作甚多實施補充意見通過外，又通過中央及各省所提之七十餘案。至下午六時討論竣事，散會。六時一刻舉閉幕式，蔣兼院長親臨大會訓話，中有我國抗戰七年，實以獲得顯著之進步，今後為達成最後勝利，尤望一往為國為民，一片耿耿忠誠，任勞任怨，綜覈名實。末謂現在軍事緊張，未來半年或一年更為艱苦，但在勝利即將到來之先，或者要經過一個黑暗時間，我們已有準備，可以打破難關。蔣總裁從未公開說過軍事緊張，蓋因日本大隊增援，將向我各戰區發動攻勢。

## 6月2日　星期五

安徽第一區行政督察專員范苑聲來訪。甘肅主席谷季常兄再來訪，談調解馬氏兄弟案，又研究安定西北大局方法，彼此意見相同，並主張余再赴西北一行。余亦認為有此必要，但到邊地必須用款，以現在國用浩繁，恐不便支用此款也。

## 6月3日　星期六

廣西黃主席旭初來訪，談粵漢線軍事，彼此均認為廣西之桂林、柳州地位重要。

## 6月4日　星期日

清晨邊疆黨務處長李永新君來晤。余曰蒙藏地方是

抗戰大後方，安定政策已經做到，今後仍當本此主義加強安定。吾人治邊要從大者、遠者著眼，凡百措施，要以無形重于有形、間接重于直接、事實重理論，更應外交、軍事、政治同時並進。如能運用上項方法，則邊事不難就緒也。

## 6月5日　星期一

上午八時參加中央紀念週，後出席國防最高會議，蔣總裁親自主席。通過設立動員總監本部之重要案，該總監直屬國民政府，所有行政院之軍政、財政、經濟、交通、農林、社會等部，以及各省政府、各區軍事機關統歸指揮，其範圍權力十分廣大，能否解決當前經濟之危機，殊屬疑問。至何人任總監，尚待發表。十二時散會。

### 記湘北戰事

湘北敵我正在鏖戰，卅一日敵人渡過汨羅江，一日佔平江，迫近長沙。長沙、衡陽之間不斷轟炸，衡陽一日遭十四次之轟炸。此次作戰，較之過去六年間敵于該地展開五次攻勢，規模均甚龐大。敵雖大大增加，但我士氣甚旺，如岳司令長官告將士書中有我不殺敵，敵不殺我，我不畏敵，敵必畏我，中華民族，在此一戰【後缺】。

## 6月6日　星期二

【前缺】調解馬氏兄弟案於今告一段落，余不禁重有感焉：

（一）少數人士深信分化馬氏兄弟必為中央所贊同，
斯實大誤。殊不知中央歷來一貫主張調解馬氏
兄弟叔侄，俾臻團結。尤在「安定西北，首須
安定青海」之方針下，該項主張不能稍易。

（二）馬子雲左右幹部某出身陸大，此次隨同來渝，
以為聯絡中央之陸大體系人士作策應，總能如
願以償。此種認識固屬錯誤，而中央陸大體系
本身竟亦認識不清，不勝浩嘆。

（三）甯夏馬主席少雲之建議，子香曾予痛責，有「少
雲主席此種意思，並不是關愛家兄，實是挑撥
離間，分化軍事之心」諸語。少雲主席此種建
議，實欠斟酌。今後青海與寧夏之關係，將有
益趨惡劣之虞。

（四）此次馬氏兄弟事，總裁處理經過甚為允當。余
奉命承辦此案，謹慎周密，自始至終主持公
道。蓋此事欲令雙方滿意，固不可能，惟為整
個國家大計著眼，成敗毀譽，在所不論。馬氏
雙方仍是兄弟，余與渠等仍是朋友，當不因此
事而稍有變更也。

## 6月7日　星期三

### 開闢第二戰場

經過兩年半之呼喚，全世界所注目之第二戰場，今
已開闢矣。六日晨，盟軍船艦四千艘、小艇數千艘，在
強大飛機（一萬一千架）掩護下，在法國北海岸登陸，
並有強大空運部隊降落法、比邊境沿河各市鎮。倘蘇

聯再能由東歐夾擊，則德國之崩潰乃指顧間耳。萬一登陸失敗，則戰事之延長與夫國際之變化，有不堪設想者也。現在倭寇以為與蘇聯已謀得一時之量解，英、美無假增兵東顧，乘我軍勢孤，特調駐東三省大軍入關向我總攻。我們今後數月一定艱危，惟有忍耐與苦戰之一法耳。

## 6 月 8 日至 9 日　星期四至五
【無記載】

## 6 月 10 日　星期六
前次出席十二中全會後，接連出席全國行政會議，因此精神非常疲困。經回鄉數日休息，現已漸漸恢復原狀矣。

## 6 月 11 日　星期日
午後偕小魯等進城，過歌樂山寬仁醫院看安金聲病。因吐血太多，體氣大傷，惟最可慮者，口胃不開，難進飲食。當即加以安慰，並送洋二仟元。

## 6 月 12 日　星期一
上午八時參加中央紀念週，後出席中央常會。前次所決定設立動員總監部，奉令暫緩成立。又據軍事報告，近一星期國內外戰事均緊張：
（1）河南方面，敵攻靈寶，駐陝胡宗南部已開三軍出關應戰，情勢吃緊。

（2）湘北已發現敵人九師一旅，正向長沙分路猛進，
　　　我士氣甚旺，即日內即將展開主力戰。倘敵人不
　　　再增兵，則長沙前途尚可樂觀。
（3）敵在粵漢南段從化等，已發動小規模攻勢。
（4）我為牽制敵人，已將宜昌對岸敵人數個據點攻
　　　下，如再能將對岸最堅固之高山陣地攻下，則宜
　　　昌不難收復。
午後接見綏遠財政廳長李居義（芷政）、委員王淡久，
當囑其轉達傅主席，伊盟事變甫定，現在以謀安定為
當前之急務，至一切建設應用和緩漸近方法，于不知
不覺之間，納民于軌物之中，為上乘也。計談一小時
之久。

## 6月13日　星期二

　　谷主席今日飛回甘肅，余晨七時半至機場送行。九
時出席行政院會議，孔副院長表示即將出洋一行。午後
三時方希孔兄來長談，多關他本身事，余亦很多勉勵的
話。安金聲自十二夜起，病勢轉劇，已不能言語，危在
旦夕。醫生謂毫無辦法，只有聽其自然。

## 6月14日　星期三

　　清晨晤光甫兄，再談向交通銀行借款事，仍無俱體
辦法。燒飯人王明忠忽患盲腸炎，並吐血，隨即請萬醫
診治，再送醫院用手術。近一月內，余家工友或死、或
病危，今王明忠亦病，殊屬不幸，余惟有盡心竭力為彼
等料理，雖是工友，都是同胞，亦如自家人看待也。

## 6 月 15 日　星期四

　　現在湘北浴血苦鬥捍衛長沙，滇西越怒江、克龍陵，潼關我軍亦正謀反攻，而中美機群大舉助戰，在長沙外圍獲驚人戰果。際此長沙大會戰重要關頭，後方同人絕不容有絲毫懈怠之意，要努力奮鬥，齊一步調，當能渡過難關。

## 6 月 16 日　星期五

　　今日是先總理在廣州蒙難紀念，上午八時在國民政府大禮堂舉行紀念會。余前往參加，由葉楚滄兄報告蒙難情形。

### 記美國空中堡壘炸日本（六月十六日）

　　重量七十噸（連帶炸彈在內），航程五千哩，美國超級空中堡壘二十架，昨日（十五）午後六時由我成都起飛，今晨（十六）二時飛抵日本九洲之門司、小倉、八幡轟炸。該處是日本重工業區域，有名之帝國製鐵煉焦所被炸。美國完成歷史上最遠程轟炸任務，值得吾人感佩，但我方能動員五十萬民工，三個月完成大飛機場，國際間亦皆稱贊。數年來我同胞死于敵人轟炸之下，不知幾許，現在敵國千島群島、小笠原群島亦先後被炸，人心發生大搖動、大恐慌。這是日本人自作自受，因果報應，孟子曰，殺人者，人恆殺之。

## 6 月 17 日　星期六

　　盟軍自在法北登陸後，雙方激烈爭奪各據點，死傷均極慘重，已成拉鋸狀態。現在雙方準備大戰，惟盟軍

須要他處登陸，否則專在諾曼底群島爭奪，恐不克速收效果也。德國無人飛機炸英國南部各地，這是吾人第一次聽說的，武器愈進步，人類未來愈悲慘。

## 6月18日　星期日

昨日前方消息，湘北戰事已至最後關頭，長沙竟日衝殺，瀏陽慘烈肉博，甯鄉展開巷戰，株州、醴陵戰事亦均激烈。此次敵人兵力雄厚，隨時增加，且從兩翼作大包圍。我兵力單薄，有顧此失彼之勢，倘無生力大軍增援，則長沙危在旦夕。

## 6月19日　星期一

上午八時參加中央紀念週，後出席國防最高會議，蔣總裁親自主席。午後接見西藏代表，談關于隨同沈處長入藏第二批人員入藏護照事。據該代表等表示，西藏政府斷不致從中為難，如此當然是英國人從中作祟。關于班禪轉世事，西藏當局遵照中央主張，選靈童三人報告中央，吾人第一步辦法已告成功，其他抽籤、坐床等事，再行設法運用，使其就範。

## 6月20日　星期二

上午九出席行政院會議，因孔副院長昨日赴美國出席貨幣會議，蔣國府主席兼行政院長親自主持院會，在孔未回歸國之時，蔣將每次出席。美軍在太平洋日本重要據點之塞班島登陸，比最近轟炸九洲之八幡更有價值。塞班等于由中國海岸向東京進攻途中躍進一千哩，

塞班距東京約一千四百哩，飛行只須五小時，塞班有日本守軍兩個師，美軍正在猛攻中。日本大門之小笠原、後門之千島、心臟的九洲，均先後被炸，他自認已進入內防線作戰階段，人心惶惶，大感不可。

### 記河南戰事之失敗（六月廿日）

此次河南戰事，由蔣長官鼎文、湯副長官恩伯二人統率三、四十個師的大軍，旬日間一敗塗地，殊出一般人意料之外。迨陝西胡副長宗南所部出關增援，已不及挽回大勢，因此潼關嚴重，西安吃緊，影響西北戰場、全國形勢。推其失敗原因，固屬軍隊素質不良，裝備不充，但苛擾居民，勒索商旅，種種不法行為是其失敗主因。尤以軍隊兼管行政、教育、農業、工商，無暇注意軍隊訓練，更無暇研究作戰計劃，遂演成將帥不和、部隊不和、軍民不和、軍政不和、黨政不和諸種之結果，似此情形，焉有不失敗之理耶。蓋自南京撤退以來，以此次失敗為最速、最鉅，為抗戰數年來所罕有，此時須積極調整軍隊，嚴肅軍紀，亡羊補牢，尚可為也。

## 6 月 21 日　星期三

美國副總統華萊士昨日到重慶，國府蔣主席親到機場歡迎。今日午後八時，蔣主席夫婦在林園官邸特設晚宴歡迎華副總統，並約各院部會長官百餘人作陪，余準時前往參加。席間先由蔣主席致歡迎詞，大意同申美、英、蘇、中合作，消滅侵略，建立永久和平。華副總統答詞，略謂今年將為日本侵略最後一年，日本必須解除武裝，以保和平，東亞民族須同行獲得自治，中蘇疆界

綿長，友誼聯繫云云。一時盛大宴會，十時半許歡散。
余即回鄉，行至歌樂山，因車損壞修理，十二時許始抵
家中。

## 6月22日　星期四
### 記隨從安金聲病故

　　隨從安金聲于昨日（廿一）上午二時在歌樂山寬仁
醫院病故，但余十一日午後親至醫院與之最後晤面，在
感情上認為圓滿。伊在余身邊服務將八年，並隨余到西
藏及甘、甯、青各省，深資得力，數年來在公私方面均
毫無過失，真真難得之隨從。今不幸短命，十分可惜，
至遺下少妻、幼子，尤為可憫，余當盡力為之照料。現
葬于歌樂山寬仁醫院附近堰塘灣，墳向坐東向西，立有
石碑，以便安家子孫易于尋覓祭掃。安年卅六歲，河南
鄭州人。

## 6月23日　星期五

　　長沙于十八日淪陷。此次敵人駐東三省大軍入關，
在湘北作大規模之攻勢，為開戰以來所僅有。我軍能于
堅苦抵抗，戰績卓著，使敵人受到重大損失，然後撤
退，敵人在打通粵漢鐵路及威脅轟炸日本空軍基地，今
後是必繼續進攻。吾人若能保衛衡陽，鞏固側後方之桂
林、柳州，靜待國際戰事之好轉，則前尚可樂觀。不過
既失河南平原之棉、麥，復失湖南之稻米，今後經濟更
感困難。補救之方，惟同仁徹底覺悟當前之危急，客觀
的研究對策。

## 6 月 24 日　星期六

連日天雨，農人快慰。惟覺時間較遲，附近高田已過插秧時期，但就四川一般年歲觀之，可有八、九成收獲。此乃天助抗戰，吾人應馨香禱祝也。

## 6 月 25 日　星期日　端午

今日在鄉休息，食粽子，相當快樂，並留叔仁、玉珍、繼雅等午飯。希望明年在此如此，則國事大可為也。

## 6 月 26 日　星期一

晨四時起身，五時開車，六時十分到城。八時參加中央紀念週，後出席中央常務會議，蔣總裁主席，並發表美國副總統華萊士此次來渝重要談話：

（1）華萊士云中、蘇應謀諒解，蘇聯表示同意，並託美國從中疏解，我方表示同意。

（2）蘇聯認為中國共產黨理論不能成立，與蘇聯亦無關係，不過共產黨現在實力希望用在抗戰。

（3）華云中國境內尚有少數民族問題，我方表示可允許蒙、藏高度自治，戰後方可實行。

## 6 月 27 日　星期二

上午九時出席行政院會議，蔣兼院長主席，發表賴璉為教育部次長。長沙淪陷後，衡山、湘鄉、攸縣連繼不守，戰事發展至衡陽外圍白刃搏殺。衡陽名城，危在旦夕，影響粵、桂至重且鉅，而贛、閩等省交通將被隔

斷。現在盟軍正在西歐開闢第二戰場，佔領瑟堡要塞，已完成登陸戰一個重要階段。同時美軍在太平洋上日本唯一據點之塞班登陸，並在馬利亞納與非列賓之間擊潰日本海、空軍，而中、英兩軍又在緬甸北部完全佔領孟拱。如此盟軍節節勝利之際，吾人節節失利，確是萬分不幸，吾人無論如何，要在未來一年中能鞏固現在地位，纔有迎接勝利之可言。

## 6月28日　星期三

午後六時，黨政高級班第一、二期在渝安徽同學佘凌雲、謝仁釗等廿四人，在國民外交協會聚餐，約余參加。余並簡單致詞，大意我們安徽人自民國以來失去重心，非常散慢，好鬧意見，現在諸位就是安徽重心、安徽中間，也是本黨中間，安徽政治起死回生，都在諸位肩上云云。

## 6月29日　星期四

方希孔、謝仁釗、邵健江三君來訪，轉述諸同鄉意見，擬推余擔任安徽同鄉會理事長。余以為本省內外情形，如任理事長，反而幫助同鄉力量減少，故力辭，並以馮煥章、許靜仁二人之中選一擔任。午後出席同鄉會第一次理監事會，余到最早，簽名即先退。

## 6月30日　星期五

午十二時在百齡餐廳招待綏遠省李財政廳長、青海省安參謀長午餐，以王則鼎、劉真如等作陪。

## 7月1日　星期六

### 馴叔南開高中畢業記

南開中學來函，謂本屆高中畢業考試業經舉行完
俊，學生吳馴叔各科成績均經及格，照章准予參加本市
第十屆中學畢業會考等因。展誦之餘，曷勝快慰。查南
開中學係老教育家張伯苓先生所主辦，在現狀下是唯一
有規模、最完善之中學，馴叔從初中第一年級讀到高中
畢業，經過整整六年長久之時間，毫無耽誤，毫無過
失，一帆風順，達到彼岸，這是馴叔最難得一件大事。
此皆馴叔肯用功、肯愛好，與夫家長及學校當局肯負責
之結果。書至此，余心中歡喜，非筆墨可以形容者也。

今日（一日）上午，分別會晤同鄉溫曼生、陳紫
楓、吳亮夫、關德辛、朱啟林諸君。

## 7月2日　星期日

關于吳和生兄案，張長官相華來函謂再請移渝辦理
等因，是張長官無法解決。我對此案在朋友情感上已大
大努力，惟在環境上實多不便，特于昨日午後商諸何軍
法總監雪竹兄予以維持。和生兄弟真是不明時世，以致
自身受苦，朋友受累，何不智乃爾，但人事已盡，惟有
聽諸天命。

## 7月3日　星期一

上午八時參加中央紀念週，後出席國防最高會議，
蔣總裁主席。

## 7月4日　星期二

上午九時出席行政院會議，蔣兼院長主席。下午二時偕馴叔、申叔回鄉，經過南開，運馴叔行李等件。

## 7月5日　星期三

上午到會辦公，但見一般公務人員非貧即病，尤以患肺病者為可慮。

## 7月6日　星期四

因本日午後六時，與徐可亭、張厲生兩兄公宴川康綏靖主任鄧晉康兄、河南新任省主席劉茂恩兄，故於午後二時進城。鄧主任午後六時來訪，暢論邊事一小時之久，然後一同致可亭兄寓餐敘。席散後，鄧等先行，余與可亭、厲生談昨日午後蔣主席招待茶會（我未參加）時，蔣主席聲明蔣夫人將往巴西養病，今日特為餞行，並聲明主席夫婦感情和洽，外間謠傳主席另有念愛完全不確等等。但有關主席夫婦事，吾人本不願有所批評，然不知為何主席須向大家說明乎？而蔣夫人為何須赴巴西養病乎？其中主席之苦心，于斯可見矣。正談間，忽傾盆大雨，為從來所少有。至十一時大雨仍不止，只得冒雨歸家，衣履均潮。

## 7月7日至11日　星期五至二

【缺】

## 7 月 12 日　星期三

地理專家黃國璋、國防最高會議參事吳文藻兩兄來談有關邊疆諸問題。吳以為調整蘇聯邦交乃當前之急務，中央現正考慮對策。

## 7 月 13 日　星期四

清晨訪陳光甫兄，他認為中美關係將來必有問題，甚望謹慎應付，勿以小事麻煩美國。前外交部甘肅特派員公署秘書呂同崙兄日前由甘來渝，頃來見。據云現時西北不大安定，蓋自新疆阿泰附近與外蒙發生衝突，並由蘇方申明協助外蒙後，在精神上已大感威脅，日前甘、新交界地方，又發生兩次劫車傷人案，有一次死人甚多。匪人都是乘馬，很有組織，似來自外蒙者，匪人亦有少數戰死者。至中蘇邦交確是欠佳，多是因小事而生誤會者，蘇聯對新疆盛主席尤為不滿，中央為顧全中蘇邦交計，似應將盛暫時調開為宜云云。查盛主席多年奮鬥，得保新疆，厥功甚偉。

## 7 月 14 日　星期五

吳和生兄已由柳州張長官派員于本月十日獲解到渝，交軍事委員會軍法總監部寄押土灣看守所。值此天氣大熱之際，和生長途來渝，異常辛苦，此皆紹佑兄不明大勢，一時糊塗之所致也。

## 7 月 15 日　星期六

中央設計局設計委員王又庸（平秋）、朱代杰二人

來談邊疆設計。余當將蒙藏過去與現在加以說明，結論
曰最關重要是政策已決定外蒙、西藏施行高度自治，至
已改省之蒙、藏推行省治。惟邊政關鍵在外交，倘外交
有辦法，則一切問題迎刃而解也。

## 7月16日　星期日

衡陽郊戰，慘烈緊張，敵人大量增援（並有重
砲），晝夜猛撲我外圍，各路大軍猛攻頑敵。就現狀判
斷，衡陽前途尚未可樂觀。

## 7月17日　星期一

上午八時參加中央紀念週，後出席國防最高會議。
午前十時西藏代表阿汪堅贊等來見，談羅桑札喜代表回
藏事。時屆中午，當約彼等便餐。

## 7月18日　星期二

上午九時出席行政院會議，蔣兼院長主席，決議改
組河南、湖北兩省政府，以劉茂恩為河南省政府主席，
王東原湖北省政府主席，至十時散會。午後偕襄叔回
鄉，適建文孫放暑暇，特經過沙坪壩，至重慶大學接其
一同下鄉。建文現在重慶大學商學院工商管理系一年
級，暑暇後可升二年級，一切成績尚佳。

## 7月19日　星期三

上午分別與楚、熊兩處長研究蒙藏政務，並談昆田
在黨政高級班畢業論文（戰後邊疆政制建設計劃綱要）

與余素來主張大致相同，擬轉呈總裁，以資治邊參考。

## 7 月 20 日　星期四

　　向交通銀行挪借生活費事，經數月之接洽，很多朋之幫忙，最近始由奚東曙兄經手完成，得此結果，真是不易，吾人生活前途不知何以為計也。其借款內容：

（1）用一廠家名義借交通銀行九十五萬元，自七月十四日起至十月十一日止，共九十天，接月息三分二厘計算，應付借款息玖萬壹仟貳百元。

（2）玖十五萬元由實業銀行按月息七分五厘放出三個月，應得放款息貳拾壹萬參仟七百伍十元。

（3）由貳拾壹萬叁仟七百五十元中扣除承兌手續費壹萬肆仟元貳百五十元，及交通銀行借款息玖萬一千二百元，結餘拾萬捌仟叁百元。

（4）結餘之款存中國實業銀行，隨時可以支用。

## 7 月 21 日　星期五

錄古語

　　以官為家，敗則無所于歸。

　　我一生深感此中痛苦，望我子孫勿以官為家也。

## 7 月 22 日　星期六

東篠內閣總辭職

　　自塞班島為美國佔領，九洲為美機轟炸，敵國上下驚惶失措，東篠手忙腳亂，政府人事調動頻煩。這是東篠欲藉此掩人耳目，歸罪他人，但因盟機將加緊轟炸其

本土，不得不大規模疏散，人心更為衝動。余早料及日閣將有極大變化，果也，東篠內閣總辭職矣。日皇命小磯國昭陸軍大將、米內光政海軍大將協力組閣，以陸、海軍聯合組閣，乃是日本歷史上所罕有，其情勢緊張，于斯可見。查此次日閣改組，是日本國內在作戰方面已發生嚴重裂痕，也是日本命運陷于絕境。蓋敵人政略、戰略一再錯誤，其慘敗早經鑄定，但吾人不可過于樂觀，敵人尚保有大部陸海空軍實力，從今以後，敵人一定花樣翻新，也一定動盪不寧，必然準備保衛日本本土及中國佔領區，並迎擊向東京前進之美軍。我們一方面防備他軍事瘋狂掙扎，一方面更要警惕他政治和平攻勢。

# 7月23日　星期日
## 德元首希特勒遇刺

德國若干陸軍將領謀立新政府，希特勒于七月二十日遭高度爆炸彈襲擊，身被燒灼，腦受震動，其大本營幕僚許密德中將等受重傷，約德爾大將等受輕傷。其實行暗殺者，為一現年卅六歲單臂之史托芬保上校，主謀其事者為國防軍領袖吉托上將及德軍總司令季德爾上將（事件發生後免職）、前總司令勃魯齊區上將（聞已被殺）、曾任參謀總長貝克上將等。聞若干警衛軍已準備支持反抗運動，若干城市內陸軍已與國社黨挺進隊發生巷戰。德通信社宣稱搜獲文件，此亂黨已與某盟國建立關係。由此判斷，希特勒雖暫免于難，但事件未了，必定擴大，將釀大亂。總而言之，歐戰時間可以縮短。

現在日本改組內閣，德國希特勒遇刺，東西兩軸心同時出事，兩國內外情勢均極緊張，真是難兄難弟。吾同盟國中、美、英、蘇如能團結不生變化，則德、日之崩潰乃指顧間耳，倘蘇聯加入攻日本，則盟國之成功必更速也。

## 7 月 24 日　星期一

上午九時主持本會紀念週，並訓話。與楚處長研究對蒙政策及收復淪陷蒙旗辦法。

## 7 月 25 日　星期二
**美軍登陸關島**

美軍完全佔領塞班島後，七月廿日即在此南面一百卅哩之關島登陸。美軍在塞班死傷逾一萬五千名，為美軍在太平洋上歷次戰役最大之死傷數目。關島面積二百二十五平方哩，較塞班之七十一平方哩大三倍，美軍攻關島實力共達三師，約四萬五千人，故預料關島戰美軍必勝，不過需較長時間。聞此次海軍掩護登陸，亦為歷次戰役中最有效之一次登陸，規模堪比塞班之役。

## 7 月 26 日至 27 日　星期三至四
【無記載】

## 7 月 28 日　星期五

連日在鄉與楚處長談邊疆政策及本會工作計劃，結論本會工作目前唯一對象是：（一）收復淪陷蒙旗（應

注意軍事、政治）；（二）調整外蒙、西藏（應注意外
交、政治）。擬即根據以上二點草擬計劃。

## 7 月 29 日　星期六
### 記美軍轟炸東北

美國超級空中堡壘今日（廿九）首次轟炸東北瀋
陽，日本第二大規模鋼鐵生產中心之鞍山投彈數百噸，
均中目標，一片大火，創夷遍地。據空軍人員云，
一百六十哩外可見高級三千呎之熊熊大火。同時轟炸天
津、大沽、鄭州，因此華北人心大起恐惶。

## 7 月 30 日　星期日

上午四時起身，五時半開車進城，麗安、光叔等同
行。馴叔高中既已畢業，關于考大學事，頗費研究。日
前已考金陵女子大學，現決定八月一日考中央大學文學
院之哲學、外文、史地，八月七日考復旦大學文學院之
外文、中文、史地，八月十一日考重慶大學工學院之化
工、建築。以馴叔之程度，有考取之期望，話雖如此，
尚有天命存焉。現在考大學者太多，中大已有一萬數千
人報名，平均須廿餘人取一人。

## 7 月 31 日　星期一

上午八時參加中央紀念週，後出席國防最高會議，
蔣總裁主席，通過例案數件。渝市入暑後連日悶熱，夜
不成寐，本日午後一時半左右，忽雷電交加，狂風暴
雨，惟風雨勢猛，各地房屋瓦石亂飛，間多倒塌，約計

因災死傷達百餘人。當時情形，正如俗語所謂「天有不
測風雲，人有暫時禍福」。衡陽在酷暑中堅苦抗戰已達
一月有餘，外圍部隊仍在極積進攻，敵亦極積增援。我
守軍在危難局勢下艱苦支持，英勇奮鬥，使敵喪膽，此
等殺敵與犧牲精神，殊令人感佩不已者也。

## 8月1日　星期二

上午會客：

（1）堯樂博士談新疆近況，他認為蘇聯外交十分要緊，盛主席與蘇感情欠佳，似應調開，並申明不是與盛個人不睦而作此種主張者。

（2）劉維熾（季新）兄，他與孫哲生兄關係最深，所談都是聯絡感情，余亦表示對孫素來好意。

（3）朵含章青海軍高級參謀，報告他赴湘、桂考查軍事教育之情形，日間將回青海。

（4）羅佩秋兄。

馴叔考中央大學後，于晚間歸來，十分疲困。據云天氣太熱，而飲食尤感困難。此次考中大約兩萬人，在沙坪壩一處約九千餘人。

## 8月2日　星期三

青海安參謀長日間將回青，特來辭行。西康公路局長駱美輪兄新由青海接洽康青接路回渝，特來報告接洽經過。

## 8月3日　星期四

中午在百齡餐廳招待堯樂博士、朵含章午餐，以方希孔、魯伯純、黃朝琴、胡叔潛、奚東曙、周昆田等作陪。陳光甫兄來訪，余因現在有中國、交通兩銀行幫助，關于上海銀行每月接濟，擬自九月一日起暫停止，並感謝光甫之盛意。

## 8 月 4 日　星期五

苦戰數月，我軍攻克緬北重要而堅固之據點密芝那名城，城內日軍無一生存者，其戰事之慘烈，于斯可見。我軍次一步驟，將與滇西聯繫，而完成打通中印公路之任務。

## 8 月 5 日　星期六

天下事有難者難如上天，有易者易如反掌。例如余此次託陳果夫、陳光甫、徐可亭諸兄幫忙向交通銀行借款，經數月之久，勉勉強強得一結果，可謂難矣。而胡叔潛兄偶與宋子文兄談及余交通借款經過，宋立刻自動代向中國銀行挪借，余事先毫無所聞，並未請託胡君，此事之成如從天上飛來，可未易矣。宋、胡兩兄之熱情，令我感謝不已也。其中國銀行借款手續及數目，與交通銀行借款大致相同，其情形已見七月廿日日記中。

## 8 月 6 日　星期日

本會訓練班第四期同學王載國君與周正榮女士在留俄同學會舉行結婚典禮，請余證婚。于上午十一時半典禮完成，余並略致祝詞。

## 8 月 7 日　星期一

晨八時出席國府紀念週，並同時舉行重慶市黨部新任執監委員就職宣誓典禮。禮畢，陪同西藏代表羅桑札喜謁見總裁（另有記載），嗣又出席中央常會。十時接見西藏代表，暢談中央與西藏各種之關係，歷一小

時之久。

**與總裁談論藏事　卅三、八、七　上午**

　　西藏駐京代表羅桑扎喜以請假返藏在即，今晨由余陪往謁見總裁辭行。總裁面致訓詞，並囑其關于西藏一切問題，可與吳委員長詳談。羅答詞而退，余乃與總裁詳談藏事于後：

（1）西藏駐京總代表阿汪堅贊將繼羅桑扎喜之後離渝返藏，揆其返藏原因，鑒于中央與西藏之關係不易調整，所以知難而退。

（2）班禪轉世一案，西藏政府已遵照中央指示選定靈童三人。余將此案辦理經過報告總裁，總裁問以何時抽籤，答手續尚未準備完畢。余並說明此案與以往達賴轉世為對藏事之最成功，亦中央對藏宗教運用達最高峰，至其他政治問題之先決條件則在對英外交。

（3）依現在情勢以言，中央對藏，重既不能，輕又不可（總裁莞笑）。對英外交，說亦不好，不說亦不好，惟有拖延一途耳。奈我國拖延，英國則不拖延何。

（4）過去入藏途程，英國較我便捷。然西藏高原係一良好航空基地，亦訓練航空人員之理想場所，將來空運事發達以後，中英對藏空中交通距離無分軒輊，西藏在我國防地位上將益增重要。英人早已深明此點，故對藏企圖始終不肯放鬆。戰後和平會議，對于英、蘇慫恿西藏與外蒙派代表參加，或者英、蘇在會議席上幫助西藏與外蒙說話

諸端，我政府應預先加以研究與注意。

（5）沈處長現在入藏途中，日內即可抵拉薩，第二批
　　入藏人員護照問題尚未解決，如仍無望，則考慮
　　改取陸道入藏。

（6）喜饒嘉錯入藏被阻，回抵玉樹後電稱擬來渝面陳
　　一切。經余面向總裁請示，總裁答曰可以來渝。

最後余曰目前邊疆各地咸頗平安，總裁聞之甚為高
興，並殷殷垂詢余身體好否，余亦問候總裁建康，興辭
而退。

## 8月8日　星期二

上午九時出席行政院會議，蔣兼院長主席。決議
任顧毓琇為中央大學校長，所遺教育部次長以朱經農
繼任。

## 8月9日　星期三

衡陽淪陷，我軍堅守衡陽四十七日之久，並向敵索
得死傷數萬之代價，裡無糧彈，外無救兵，守軍盡其責
矣。敵人于七日晨由北城突入以後，即在城內展開巷
戰，我軍官兵死亡殆盡，衡陽名城遂于八日淪陷。我守
軍計四個師，其浴血抗禦犧牲之精神，令人可歌可泣，
但我衡陽外圍各部隊不能解衡陽之圍，真是遺恨無窮。
現在敵人入城未久，根基未定，應迅速反攻。其在後方
各界同胞，應該有所警覺，不要麻木不仁，庶不負此次
衡陽悲壯犧牲之將士。

## 8月10日　星期四

晨八時半偕曹纕蘅兄至化龍橋紅岩村，回訪大公報
總經理胡政之先生，暢談國際形勢，認為蘇聯終將攻日
本，胡並主張調洽蘇聯邦交，及國民黨與共產黨的合作
等等重大問題。胡是大公報創辦人，不久以前任訪英團
團員，遍遊歐美。胡經驗宏富，頗負聲譽，與纕蘅兄多
年老友，余與胡之來往，即由纕蘅兄介紹者。

## 8月11日　星期五

晚八時半張文白兄來訪，以戰後建設內蒙為談話中
心，現在內蒙大部（東北、熱、察）淪陷，而未淪陷之
內蒙，一面是外蒙，一面共產黨。因文白擔任接洽國共
合作事，故詢問張接洽經過，據云談判尚無結果。至
對于建設內蒙，張主多草幾個方案。此外談時局，彼此
認為外交關鍵在蘇聯，內政關鍵在共產黨，應該極積調
整。計談一小時之久。

## 8月12日　星期六

### 總裁約談新疆事（兆麟代抄）

本日（十二）午後五時，總裁約赴黃山官邸敘談，
屆時往。

總裁首問惟仁夫人起居近況等等，繼問中國大局如
何？答曰：中國外交首為對蘇，內政則為對付中共。總
裁又問對新疆問題之看法如何？余答稱：目前處理方針
應為和外安內，及鞏固中央在新疆之政權，至於應如何
實現此一方針，則須在辦法上加以研究。總裁隨謂：盛

晉庸主席近須辭職，擬請你前往接替之。

余答：以我之體力與年齡，均不足負建設新疆之責，如由朱一民繼任，似為最佳。

總裁復謂：你去，內外均可相信，且現在除你外，更無其他適當之人，仍希勉為一行，五年可耳。

余又云：我辦事素重把握，如無把握者，則不敢嘗試。過去主黔，有命即行，未嘗考慮，蓋具把握也。此次對新問題，則無絲毫把握，尤其於軍隊方面無把握，故未敢貿然承諾。

總裁以軍隊方面由我設法應之，未作結論。遂談及其他問題，余就軍政各方平時之所欲言者，痛快披陳。綜其要點，略記如下：

一、擔當國家大事者，必須知軍略、政略、策略三者，惜我政府中軍政首長，知之甚少，甚至為特任官者，對國際形勢均不明瞭。以此等長官為總裁弼輔，毋怪總裁之宵旰辛勤，行政效率不能加強也。但彼等既有如是之缺點，只有希總裁隨時予以糾正，而補足之。

二、各部門之人才，現仍極感缺乏，必須予以養成。所謂人才者，即識大體、盡責任、有修養之謂。現在一般人往往以人才必須留學外國，非留學生則非人才，此實莫大錯誤，須知在本國讀書學生中，人才亦至眾多，惟在吾等尋求與培養之耳。現在用人，以國文最為重要，優秀人才，亦每於國文程度深者中得之。

三、能做事者，不在機關之名義及經費之多寡。蒙藏委

員會過去曾有人主張改部，我則堅持未改，自抗戰以來亦未多用國家經費（總裁亦謂蒙藏委員會未之用錢），但事實上現在邊疆情形至為安定，每一角落之人民均能認識國策，擁護總裁。再在各邊省，蒙藏委員會本可分別設立辦事機關，但為避免與地方政府磨擦及節省國帑計，迄未舉辦。蓋一切措施，應以國家整個利害為標準，不可以一機關之場面好看為前提也。

四、邊疆範圍佔全國面積百分之六十以上，各地情形，迥異其趣，治理之道，自亦須因地而制其宜。如外蒙崇拜馬列，思想極新；西藏囿於神權，思想極舊；其外如日寇在偽蒙及東北蒙旗新建之興安四省方面，又種下分化及其他種種惡根。將來我對邊疆，如僅使用一種普遍辦法，結果必歸失敗。此正如長袍短套，西裝中服，與夫夏葛冬裘等等衣服，各因時、地之不同而異其用也。

五、一切問題，均必須加以深刻之研究，然後始可獲得正確之結論與辦法，如第十二中全會時，邵力子先生主張我國邊疆民族應模仿蘇聯，使之自決自治，孫哲生先生主張應模仿加拿大，使之獲有自治領之地位。此等說法，均似近於高調，故我當時即提出反對，主張外蒙、西藏高度自治。此不過舉一例以言之，中央各院部會之施政，其不加研究而信口開河唱高調者，尚不知有多少也。

相談約一小時，至為圓滿。六時許下午返城，夕照唧山，倍覺南岸景色之秀麗。晚七時許抵寓。

## 8 月 13 日　星期日

晚七時訪陳光甫兄，談余赴新疆事。他認為倘對蘇聯外交無辦法，則新疆局面不易好轉，如託美國從中斡旋，蘇聯是否願意，尚須研究。以現在國內外形勢，應當調整中樞，一新中外耳目，以現在中樞政情而論，似未便負新疆責任。計談二小時之久，並在陳家晚飯。

## 8 月 14 日　星期一

上午八時參加中央紀念週，後出席國防最高會議，蔣總裁主席，通過卅四度各院部會工作計劃。據吳外次長國楨向余云，新疆建設廳長林濟庸、教育廳長黃如今（林、黃兩君，均係中央派遣）均被扣留，又據王雪艇兄向余云，蘇聯接濟新疆邊境哈薩軍火。由此兩種消息看來，新疆內政、外交均感不安，余之前往，確無把握，並非畏難苟安也。

## 8 月 15 日　星期二

我國在國際間雖是中、英、美、蘇四強之一，但遇事要為人家馬首是瞻，人家對我有所批評，我不能有所辯論。益以衡陽失守，軍事形勢欠佳，人家對我更加輕視。而本身政治、經濟又不能改善，就是抗戰勝利，亦不能脫三等國地位，惟有人人覺悟與奮鬥，方可挽回頹勢。蔣先生日理萬機，其能代為分勞者，未之見也。

## 8 月 16 日　星期三

新駐藏辦事處長沈宗濂兄已行抵拉薩，藏當局及在

藏漢商人等熱烈歡迎。藏當局前因設立外務局，與辦事
處發生衝突，停派乃新巴（招待員），停止供應柴草，
現已一律恢復。余希望藏事從此好轉，但英人從中作
祟，殊屬可惡。

## 8月17日　星期四

接見本會會計室新職員姚家田、劉柏波、郭壽椿諸
同人。

## 8月18日　星期五

今日是余主管蒙藏委員會八週年，在此八年中，邊
疆各地尚可粗安。最近英對西藏、蘇對蒙疆之態勢較前
極積，如能將外交問題解決，則邊疆各族擁護中央，毫
無疑問也。余以八年經驗，本會雖非科學技術機關，乃
是特殊政治機關，因邊地風土、人情、宗教、語文、制
度等等，非道聽途說與略為涉及即可明瞭者，確是比較
專門性之業務也。惟自命邊疆通與自命學者，不肯澈底
研究，信口開河，弄到主管邊政無法負責，這是治邊最
困難的事。

## 8月19日　星期六

### 勉襄叔、馴叔勤學

襄叔、馴叔都是很守規矩，毫無貴族小姐、都市小
姐習慣。襄叔優點在做事勤快，比較吃虧在讀書，馴叔
優點在讀書，比較吃虧在做事遲緩。余昨晨特向他兩人
訓話，襄叔應保持勤字，加強學字，馴叔應保持學字，

加強勤字。兩人並應互相勉勵，如能切實做到勤、學二字，則一切事均可成功。

## 8月20日　星期日

　　晨五時半起身，七時開車進城，叔仁、襄叔、申叔同行。因陳委員長樹人先生約申叔看畫，故于過山洞僑務委員會訪樹人先生。觀陳先生所繪山水花卉數十幅，其筆法有新有舊，有粗有細，因此下一結語，陳先生畫，是中外古今之大成，確是中國最有名之畫家。又承伊夫婦招待茶點，異常客氣，十分感謝。遂于九時半興辭而別。午後六時郭寄喬兄來晤，他新由豫、陝歸來。據云該方軍事現正在整理中，所有豫、陝以及隴東，胡宗南、湯恩伯所部第一戰區由陳辭修任長官，他任副長官兼參謀長。此次來渝會商軍事，蔣總裁對他甚為客氣。余答曰你要聽總裁的話，要與辭修發生好感，自然前途光明，並留郭便飯。

## 8月21日　星期一

　　上午八時參加中央紀念週，後出席中央常會。近日連接蔡孟堅兄等函，均稱余將主政新疆，何消息如此之快，已傳到蘭州矣。同盟軍已攻入巴黎，德軍形勢更加惡化。

## 8月22日　星期二

**奉蔣總裁命決赴新疆（文叔代抄）**

　　昨晚得侍從室通知，總裁原約於十時在行政院晤

談，晨間又臨時提早至八時半，屆時往。

　　總裁首問，去新疆之意如何？余謂：上次經向總裁
陳述，我對新疆毫無把握。不過安定新疆為現在邊疆上
第一件大事，無論為黨、為國、為總裁，我都不能說不
去。所以去的精神我是有的，只是缺乏把握，如果總
裁認為有把握，以我去為宜，我當然不辭一去。總裁喜
曰：好，你去，你去。於是余遂答應前往，但只能擔任
短時間，仍請另覓替人。比又問：中央對於盛氏之安置
如何？總裁謂：他希望一特任官。最近盛氏來電，表示
一切聽命中央，其所羈押省府及黨部諸人員，不過為消
除某種陰謀之緊急處置，並請中央遴派廳長四人、專員
九人云云。至於軍事方面，全由朱長官一民負責，亦可
放心也。余對於省府之澈底改組，及派大量專員前往，
不無疑慮，因謂此事似仍須加以審慎。繼余又問：中央
對於盛氏之安置如何？總裁未予置答。余遂申述：蒙藏
委員會數年來，在本人主持之下，邊疆尚稱安謐，現在
如予更調，在政策上不免有所出入，邊疆方面或將有所
動盪，故蒙藏委員會仍以保持常態為宜。總裁謂：你去
新疆，蒙藏委員會即仍由你兼之亦可。余謂：可彷照振
濟委員會之例，我之委員長缺不開，另派羅佶子先生代
理之，最為妥適。總裁頻頻點首謂：好、好、好。

　　談至此，總裁似欲擬新疆省府廳委名單，於本日
院會即行發表。余急止之，以此事尚須從長研究，遂
作罷。

　　院會歸來後，於下午擬就新疆省府改組意見一紙，
送呈總裁參考。該意見之大意謂：安定新疆之道，必須

能安盛氏及其部隊之心，能安地方人士之心，能安蘇聯之心。因此，其省府廳委配備之標準，約有六點：

（一）盛氏舊部中之有地位、有關係者。

（二）地方人士中之有名望者。

（三）明瞭蘇聯等國際情勢者。

（四）明瞭邊疆情形者。

（五）明瞭中央施政方策者。

（六）其他已經成熟，能識大體之人才。

至於桀驁不馴，急功近利之士，似不宜用。最後並依上列標準，推薦四人，計本會二人：一、曾少魯，擬任為秘書長；二、周昆田，擬任為委員。另保兩人：一、於達，擬任為委員；二、張宣澤，擬任為委員。其他廳委則請中央以上標準選擇之。

新疆遠處邊陲，屏障西北，在國防上之地位，極為重要。惟外有蘇聯力量之介入，內而民族複雜，最稱難治，中央以鞭長莫及，久成疏隔。上年因盛晉庸兄力挽頹局，傾誠內向，西北河山，仍歸完整。現在又臨到另一緊急關頭，余為國民之一，復為黨員之一，且數年來均主持邊政，安定新疆，責無旁貸。總裁更一再以此事相囑，自當以大無畏之精神，一秉至誠，盡力以赴，至於個人之利害得失，則非所計也。

## 8 月 23 日　星期三

晨間訪陳光甫兄，他將往美國出席國際商務會議。余告以將往新疆，他認為情形複雜，去有未妥。答曰為國家計，只有前往一行，成敗非所計也。

## 8月24日　星期四

上午會晤朱一民兄女婿張宣澤兄，他住新疆時間較長，對于該方各種情形非常清楚。據云盛晉庸兄環境確是困難，新疆現在不致發生事件，惟地位重要，應早設法安定云云。接見教育部新蒙藏教育司□□□，當即告以過去蒙藏教育錯誤，及今後之改善。晚間外交部吳國楨次長來訪，談中蘇。據云中蘇間很有幾件懸案，即應解決，而蘇聯在新疆亦時常生發糾紛，新疆乃中蘇邦交之交點，假定新疆政局得以調整，則中蘇邦交當可好轉，並云改日將中蘇懸案摘要抄出，交余參考。

## 8月25日　星期五

羅馬尼亞退出軸心國，接受盟國條件，德國失去羅國油田，則形勢更為嚴重。德國於歐州東、西、南三面戰事失利，則戰事將至其本土，大有四面楚歌之勢。匈牙利內閣改組、保加利亞在徬徨，巴爾幹一片混亂聲。

## 8月26日　星期六

蔣總裁約於今日正午十二時在黃山會談，余準時前往。至時，朱長官一民亦到，朱首先告余曰伊明日飛新疆，待余主席發表後，先由朱接事暫代，然後盛氏來渝就新職後，再同行飛新疆。余曰：此項辦法非常之好。稍頃，總裁出曰：關於新疆省廳委，請你們兩位商量遴選。余即說已保曾少魯做秘書長、周昆田、於達、張宣澤做委員，並報告各人履歷。總裁又曰：關於各行政督察專員，盛督辦亦來電請求派人，你之意思如何。余

曰：此事我上次已向總裁說過，新疆地面太大，如將專
員悉數更換，恐將影響治安，朱長官一民情形較熟，這
件事要請問朱長官。朱曰：就是更換，亦不致發生什麼
問題。說至此，馮煥章先生來至。總裁告馮曰：禮卿往
新疆任主席。余曰：有總裁的命令和朱先生的幫忙，我
才敢去。遂即聚餐，馮先生於餐中笑曰：吳先生，你到
新疆去，正如我們北方人有句俗話，老將出馬，一個賽
兩。總裁曰：何止兩。大家歡笑。餐後，余與朱一民、
陳布雷兄作二小時之談話，對各廳長人選，仍未商得辦
法。散後就近訪問陳光甫先生，於其別墅暢談世界局勢
以及經濟問題。深覺我國人士不明外國情況，傳統之排
外思想未能放棄，為最危險之事，現在國際間對華輿論
甚為不好，應該設法挽回。光甫先生修養頗有進步，愛
國思想尤屬濃厚。談至十時，即就宿陳處。

## 8 月 27 日　星期日

　　清晨起身，與光甫談人生哲學。光甫最近很知佛
理，這是他山中靜養之結果。余于早餐後返城。

## 8 月 28 日　星期一

　　上午八時參加中央紀念週，後出席國防最高會議，
蔣總裁主席，發表調整新疆軍事政治案如下：
（一）新疆邊防督辦兼新疆省主席盛世才辭職照准。
（二）任命吳忠信為新疆省政府委員兼主席，吳忠信
　　　　未到任以前，派朱紹良暫行代理。
（三）農林部長沈鴻烈另有任用，特任盛世才為農林

部長。

（四）新疆邊防督辦公署撤消，所有軍隊歸軍事委員
　　　會直接管理，其督辦公署業務歸新疆保安司令
　　　部辦理。

（五）督辦公署人員歸保安司令部任用。

蔣總裁兩次問出席委員有無意見，均未有表示，遂即通
過。余本日有兩個重要函件上蔣總裁：

（一）關于收復淪陷蒙旗及戰後蒙藏建設計劃。

（二）關羅佶子兄代理本會委員長，請早日發表。

午後接見西藏代表，因羅桑代表即日起程回藏，特來辭
行。余就西藏政教發表很多意見，希望合作。計談一時
半之久。午後七時白部長健生來談，對于余赴新疆十分
同情，並談軍事大勢。

## 8月29日　星期二

貿易委員會鄒主任委員玉林來訪，談新疆貿易有省
政府之經過，託余幫助。宋子文、陳光甫兩位都是經濟
專家，都在美國有聲譽，但兩位略有誤會，未能合作。
余有見于此，特于今午在胡叔潛家約彼等午飯，以叔
潛夫婦作陪。惟陳年六十四，遇事退守，宋年五十，有
進取之精神。席間談及戰後利用外資建設，宋、陳兩位
推讓。余曰陳先生年事已高，長于保守，宋先生正在壯
年，長于進攻。若比軍事，陳保守、宋進攻，攻守得
宜，則戰無不勝，攻無不克，余定從旁搖旗吶喊。大家
歡笑出聲，而誤會于杯酒言笑之中諒解也。午後二時半
偕少魯回鄉。

## 8 月 30 日　星期三

　　國民政府于八月廿九日公佈新疆軍政機構改組，卅日大公報社評：「以吳忠信任新疆省政府主席，在內外觀瞻上，均為一團和氣象徵。吳氏是一位高齡文人，他甚得蔣主席信任，近年主持蒙藏委員會，甚有建樹。他懂得如何與小民族相處，由他主持新疆省政，必能使各民族相安。他近年出入西北各省，對西北各省的瞭解極深，關係也好。他雖不是外交家，然以他這樣一個一團和氣的人物，又深知國家大局，對鄰邦必然力求和睦。」披閱之餘，不勝感奮。始初當局欲任以新疆省主席，本人以責任綦重，又以年事以高，深懼不能勝任，乃迭辭不獲，只有力任艱鉅，勉予一行。國家期望既如是之殷，輿論又極推重，自應益加奮勉，常存戒慎恐懼，如臨深淵，以期無負中外之望也。盛晉庸兄在新十載，努力奮鬥，艱險備嘗，能保持以廣大疆土，使之金甌無缺，功在國家。吾人應以十二分誠意，致敬佩之意。卅一年八月廿九日，余陪同蔣夫人飛抵迪化，卅日余與盛氏談話，盛留余長住新疆，余因係陪同蔣夫人而來，仍須陪同而返，未便應命，盛氏見余誠摯豪爽，極為滿意。卅一日飛回嘉峪關，至今整整兩年，發表余主新疆，真是夢想不到一件事。

## 8 月 31 日　星期四

　　朱長官一民昨日由蘭州飛迪化。處理家務，麗安將隨往新疆，關於小孩同去與否，頗有研究。余向麗安提出下項辦法：（一）全不去；（二）少去；（三）全

去。各有利害，惟申叔因身體關係，須異地居住，決
同往。

## 9月1日　星期五

整理赴新疆行李及書籍等等。

## 9月2日　星期六

處理家事,假定家不能齊,何能治國。我與麗安感情十分濃厚,性情相差太遠,他是多疑,我是爽直,他是看小處、看近處,我是看大處、看遠處。總而言之,他是無知識,我雖力加開導,他是不能覺悟的,尤以近兩年態度大不如前,時常與我無理取鬧,我亦只得忍受。惟將來往新疆,倘仍如過去兩年之態度,難免使邊人輕視。益以新疆環境,隨時可以發生事件,倘他于緊急時不聽話,豈不是更加危險。乃于萬分不得已之中,特向他詳加說明,要他到新疆聽話,因而彼此言語大大衝突。我因有關我家幸福及與我救國有關,不得不開誠勸導也。古人云,國易治,家難治。

## 9月3日　星期日

上午進城,午十二時白建生約午餐。

**與總裁談話**

總裁約于午後五時在曾家岩官邸晤敘,屆時往。總裁首謂,本月七日有飛機赴迪化,你可否即行前去?余答稱,最好仍以俟盛氏來渝一談為佳,且時間上亦難趕及。總裁點首稱是,遂以侍三處所擬新疆省府廳長、專員名單見示,並囑與果夫先生一商,酌量決定。談事既畢,余復縱論及於其他問題,茲綜括記之如下:

一、盛晉庸在新十年,其控制力甚強,使新疆政治入於

安定與整肅，為其優點。此種優點，吾等亦可予以保存與使用。寧夏與青海之政治，亦甚整肅，均可則效。我們欲達此種目的，必須黨、政、軍工作人員能夠聽話。記得以前到貴州時，總裁曾以此意訓示各方，以後上下協調，即是由於陳辭修、顧墨三先生等能和衷共濟的效果。此次到新疆，我是對總裁負責，他們自必須對我負責，如將來他們有不能聽話的地方，我一定要報告總裁，輕則予以撤職，重則予以懲辦。總裁比謂，你先辦後報可耳。此亦無異尚方寶劍之賜也。

二、中央之所以設立黨務及軍事兩調查統計局，其目的原在協助政府，推行政令，乃有少數工作人員不明此義，往往與政府不相為謀，甚至以政府為攻擊對象。新疆外接蘇聯，內而異黨潛伏、民族複雜，此種現象，萬不可有。擬請總裁令知該兩調查統計局，此後派往新疆工作人員，必須透過新疆省府，所有報告，亦須分送省府參考。

三、嗣又泛論兩廣、川、康等問題，余均有所表示。後復談及東北，余因就內蒙之重要性、日寇在東北設立興安四省及偽蒙疆政府等情，加以論列。余並謂將來收復東北，不外政治接收與軍事接收兩種，如日寇投降，則為政治接收，如全憑軍事勝利，則為軍事接收。但無論如何，此種接收工作，必須有一總督式之大員，始克勝此大任。此項人才，惜現在尚未養成，必須予以早日注及也。

四、調整外國關係，必須使用外國相信之人。陳光甫

在美信用特著，大可使用。我們用人，有的用其能力，有的用其信用，對光甫則用其信用也。總裁表示極佳，比擬定期約談。

五、我做官數十年，毫無積蓄，現已在借債度日中，擬請發給特別費若干，俾資應付。將來如在新疆有所虧累，亦請賜予撥還。總裁比答，無問題。

六、最後余謂，現在國家所需要者為通才，專家次之。蓋通才為領導者，一個通才，則勝過一、兩千之專家也。

相談至六時餘退出，共經一時許，誠可謂暢所欲言矣。


## 9 月 4 日　星期一

今晨上午八時參加中央紀念週，後出席中央常務會議，然後往訪陳光甫兄，告以總裁將約定時間與之談話。因陳果夫兄有病，特於上午十時偕羅倍子先生至小溫泉陳宅與陳會談。擬定新疆省廳委名單陳復總裁，其原文如下：

查關於新疆省政府廳委人選，忠信昨奉鈞諭飭與果夫會商具報，茲經會同商擬如左：
省委兼民政廳長鄧翔海、省委兼財政廳長董轍、省委兼建設廳長佘凌雲、省委兼教育廳長許蓮溪、省委周昆田、於達、張宣澤、省府秘書長曹少魯。

說明：

（一）新疆情形與各地情形不同，民政廳長一職必須通曉治理、老成穩練之員方能勝任。茲查有侍

從室第三處第十組組長鄧翔海，學識經驗均極
充裕，於新省更為適宜。

（二）右單所列董輶、佘凌雲、許蓮溪三員，均經鈞
座圈定，周昆田、於達、張宣澤、曾少魯四
員，均已由忠信面呈核定。

（三）新疆地域廣大，政務殷繁，省委名額擬定為十
一至十三員。除忠信本人及右單所列各員外，
尚餘省委缺額，或新省原有廳委中尚有須保留
者，擬俟朱長官、盛主席來電再予酌補。右單
所列各廳委，亦可臨時抽換。

（四）地方人士中，如有堪任省委者，擬俟忠信等到
省後，隨時物色，再行呈核。

## 9月5日　星期二

今晨出席參政會第三屆第三次大會開幕式，蔣主席
致詞異常坦白懇切，而有內容，為歷次說話所僅有。午
後二時訪何雪竹兄，商談吳和生兄案，研究結果，可以
暫時取保住外醫病，此事有此成功，總算圓滿。午後
三時訪戴季陶兄，談日本國情，彼此均認為日本除投降
外，別無他途，嗣又論及邊疆，並晤其趙夫人及其女公
子。五時接見新疆邊防督辦署參謀長汪鴻藻，及軍校
九分校政治部邱主任毓熊。汪、邱兩氏均為盛督辦之
親信，與彼等暢談新疆軍事、政治、外交、經濟、社
會、民族諸問題。據云如能與蘇聯諒解，則一切皆可
迎刃而解。

## 9 月 6 日　星期三

今日整日見客，計有焦希偉、吳文藻、胡夢華、黎東方、范任、周佩箴、徐瑞霖等廿餘人。午後五時訪孫丹林先生，他擬請我將他世兄帶赴新疆工作，又他的家眷均在城都，人地生疏，請我託張主席代覓住宅，均允代辦。晚七時半，外交部宋部長為余餞行，並約蘇聯大使館代辦及秘書、武官等五人，及邵力子、吳國楨，其目的係介紹余與蘇大使人員見面。蘇代辦問余對新疆工作計劃，答曰安定地方，使老百姓安居樂業。至十時，盡歡而散。蘇聯人身體強健，個個能飲酒，余不能飲，很不便。

## 9 月 7 日　星期四

上午見曾問吾多人。午後與張文白兄晤談時局，他託我將他二弟帶往新疆，當允照辦。我于湘桂路戰事不利，祁陽淪陷。歐州戰事，德軍節節失敗，似有很短時間即要投降之勢。

## 9 月 8 日　星期五

盛主席定即日來渝，余俟與盛氏晤面後，再定赴新之日期。午後五時與翁部長談新疆經濟，及過去與蘇聯工商業之交涉情形。

## 9 月 9 日　星期六

上午徐可亭、陳光甫兩兄先後來談中國財政及一般政治，據傳孔庸之兄財部將讓出，繼任者不外陳光甫、

張公權、徐可亭，但陳是不幹的，張雖是可以幹，但在
黨的信用不夠，徐之財政經驗是可以做的，但國際關
係不夠。接見在京蒙古同志白雲梯等十餘人，他們請求
往淪陷活動，當允照辦。午後外交部情報司邵毓麟來
晤，談國際形勢，認為中蘇邦交可好轉。午後五時訪孫
哲生，談新疆民族及外交種種問題。伊夫婦招待茶點，
十分客氣，談一小時。午後六時招待邊政學會理監事晚
餐，並說明將赴新疆之經過。今後余既遠行，學會只得
暫維現狀，惟邊政公論須照常出版，希望多作邊政文
章，吾人今後更須精神之聯繫。

## 9 月 10 日　星期日

午十二時招待蒙古同志及代表等午餐。中央社記者
律鴻起今日下午來訪，詢余行期及治新之新政。當告稱
盛部長世才即日來渝，余拼擋就緒後，即攜眷首途赴
新。關于新省今後施政方針，本人一秉中央意旨，謀地
方之安定，並對各宗族之文化努力扶植與發展。又中央
社告余曰，美國記者對余任新省主席，發表如下之新
聞：（一）在政治無野心的人；（二）忠實于國民黨的
人；（三）蔣委員長幕府中，計劃最深遠的人。

## 9 月 11 日　星期一

上午九時參加中央紀念週，後出席國防最高會議。
總裁主席，並報告美國代表赫爾利將軍與納爾遜局長來
華商談三事：
（一）軍事：商談中美聯軍問題，其組織正洽商中。

（二）經濟：商談戰時予我以經濟幫助，及戰後經濟
　　　　合作。
（三）中蘇邦交之調整：蘇聯曾向美代表表示，蘇聯
　　　　對中國與羅斯福之對中國者相同。
戴院長為余餞行，招待午餐。盛主席今晨由迪化起飛，
本可午後四時抵渝，因天氣不佳，即在蘭州過夜。今日
中央日報正式公佈馴叔考取中央大學哲學系，十分歡
慰，從此馴叔讀書定可得優良結果也。


## 9 月 12 日　星期二

　　昨夜頭暈，較之廿八年時之頭暈為輕，當係由於近
日說話過多與心勞之故。上午九時出席行政院會議，政
院已將新疆省府廳委人選提出，蔣院長以盛部長即將到
渝，決定俟與盛氏商酌後，下次院會再行提出。余既兼
領蒙藏委員會，故特於今日向總裁保薦羅佸子先生代理
蒙藏委員會委員長職務，當蒙照准。佸子兄年高有德，
必能使內外悅服也。盛部長因天氣不佳，今日仍停留蘭
州，大約明日可以抵渝。本會副委員長趙芷青兄呈請辭
職，余特於午後五時親往趙寓予以慰留，彼此開誠相
談，十分痛快。此次何以不請趙氏代理委員長職務，乃
因其身體太弱，不足支持，亦不足以應付現在環境。晚
六時張文白兄邀約晚餐為余餞行，其二弟本舜擬隨赴新
疆工作，當允照辦。


## 9 月 13 日　星期三

　　連日接見賓客甚多，本日接見外事局俄國顧問處處

長卜道明，與之暢談蘇聯外交問題。卜氏精通俄文，對
於蘇聯情形極為熟悉。十二時往九龍坡飛機場迎接盛部
長世才。盛氏於一時廿分飛抵機場，精神飽滿，比偕蔣
公子偉國覲見總裁。盛氏住居黃山，總裁命余與林主
任蔚文去黃山陪伴，晚間與之暢談新疆情況，並即住
宿黃山。

## 9月14日　星期四

今晨再與盛氏暢談，彼此甚為歡洽。十時自黃山返
城。午後交通部徐次長可均兄來訪，報告此次在新疆調
查情形，據云建設廳長林繼庸、教育廳長黃如今咸經拘
留，並受體刑。晚七時，內政部周部長惺甫與李宗黃兄
邀余晚餐，因人客眾多，余遂先退。連日因多方奔走周
旋，身體頗感疲勞，頭暈尚未痊好，但終日忙碌，仍無
充分休息。

## 9月15日　星期五

關於新省各廳委之人選，因新省幅圓廣大，宗族複
雜，故屢定屢易。今晨果夫先生囑第三處組長鄧翔海
（已內定為新省民政廳長）前來徵取余之意見，將來余
便中當向總裁提及也。晨十時返鄉會。午後五時蒙藏委
員會全體同仁集資在會中設宴，為余等赴新人員餞行，
到七十餘人，濟濟一堂，盛極一時。溯思余在會八載有
餘，公私清分，節時壽辰，同仁等或有餽贈，一律婉
拒。頃余赴新在邇，長時同事，別離一旦，餞行惜分，
原無足怪。第余有感各同仁生活艱困，心尤不忍，爰於

席間聲明全部餐資由余個人擔任。

## 9月16日　星期六

　　晨九時羅佶子先生由城來鄉。十時許在鄉會會議室介紹羅與全體職員相見，余致詞。略以余在會八年，尚鮮隕越，皆為各位同舟共濟、相互扶持之結果，今以奉命主新，由羅代理會務。羅係余數十年老友，學問、道德均甚卓著，今後望各位以助余之精神繼續助羅，使會務進行如常，則遠在萬里外之余亦可心安云云。十時半，偕羅佶子先生與科長以上人員談話，余重提八年前初長本會時所示「互諒、互讓、互助」六字，勉勵大家繼續維持下去。十一時與訓練班在會服務同學談話，渠等自認過去作為不無錯誤，深知警惕，余勉以邊事人才不多，希各位力求上進，為國大用云。午後二時羅佶子先生返城，襄叔、馴叔偕行，建文亦附車赴重大上學。午後三時半至四時半，與小魯、彥龍及叔仁先生等商談會中經費、公文等未了事宜，對會遺孤苦寡，尤注關切。午後四時半至六時，召集赴新之本會舊同事談話，到小魯、彥龍、振珮、卑民、文叔、長春、操良、兆麟等八人，叔仁先生以派為新省府駐渝辦事處長，故亦參加。余揭示赴新應注意各點，希望大家謹記。六時談話畢，留各人在寓晚餐。餐後接見總務處新處長丁憲薰君。

## 9月17日　星期日

　　上午處理家務，料理行理。因在鄉居住五年之久，

用物甚多，留之無大用，去之可惜，大有安土重遷之
勢。午後偕麗安進城，全會同人均在細雨紛飛之下排隊
送行，因同事八年，彼此依依不捨，余表示感謝，並請
彼等往新疆，尤以孤兒寡婦亦來送行，余更多感慨。

## 9月18日　星期一

上午九時參加中央紀念週，後出國防最高會議。盛
農林部長世才于中央紀念週後舉行宣誓就職典禮，蔣主
訓話予以勉勵。午十二時半，余與行政院張秘長屬生在
院歡宴盛部長，約各部會長官作陪，余簡單致詞，賓主
均歡。

## 9月19日　星期二

連日不斷見客，十分煩擾，浪費精神。午十二時陳
伯蘭兄約午餐。午後與新疆監察使羅志希兄談話，他對
于新省情形報告甚詳。晚六時訪胡政之兄，他對于中央
部會主張局部改造，一新社會耳目，否則無以打開當前
局面。余甚贊成，並在胡家晚飯。

## 9月20日　星期三

清晨與徐恩尊兄今晨二小時之談話，討論新疆人
事、財政、黨務、社會一般情形，對于新省拘留人犯，
主張交由中央辦理。午十二時招待馮煥章先生及其舊部
張之江、鹿鍾麟等午餐。晚間張文白兄招待盛晉庸兄晚
餐，余作陪。仍是見客太多。

## 9 月 21 日　星期四

　　現在湘桂失利，自衡陽淪陷，零陵、全州相繼不守，而梧州亦為敵佔據，桂林、柳州形勢嚴重，當局派白健生兄回桂料理軍事。白清晨來電話，即將飛桂林，余即前往與之面談。據云廣西軍事雖是吃緊，尚可支持。午後召後本會訓練班畢業學生、現在各中央各機關服務同學茶會，予以訓話。新疆有關國際問題甚多，除蘇聯外，尚有英、美關係，陳光甫、郭泰祺兩兄有見于此，特今晚七時半招待余與美國大使高思、參贊艾其杰、英國大使薛穆、參贊華林格等晚餐，藉此見面。英大使表示三次擬往新疆遊覽，余表示歡迎。至十時，賓主大歡而散。

## 9 月 22 日　星期五

　　每日見客不斷，大有山陰道上之勢。光明甫談中國應即行法治，朱仲翔談新疆鹽務，周象賢談國際。吳和生兄今日保出，此案暫告一段落。據云所帶衣物遺失甚多，約值一、二百萬元，中國軍警之黑暗，令人可恨。午後招待本會全體委員茶會，藉此告別。晚七時半何總長敬之招待晚餐，有杜聿民諸君作陪。

## 9 月 23 日　星期六

　　上午九時偕昆田往黃山訪盛部長世才，商談新疆各項問題。十時許到達，適總裁正以電話召見，因即趨謁。總裁諭於下星期四（九月廿八日）應啟程赴新，期能於十月一日就職。余領之，並將新疆政治應請辦理各

項，略為陳述，比蒙許可。十一時許至盛部長處，彼此
開誠縱談，關於外交、軍事、財政、警衛各事均經涉
及。辭未畢，總裁電召午飯，遂同往。飯後續談，至三
時許而罷。隨與昆田同至南溫泉訪果夫先生，對於新疆
黨務問題，詳加商討。五時許開車回城，至已七時左右
矣。本日面陳總裁及與盛部長所談各點，因綜為簽呈一
件，呈請總裁採擇，其要點如下：

（一）黨政工作人員，意志須統一。

（二）特務須協助政府。

（三）盛氏原有部隊，須派員負責指揮。

（四）駐新部隊必須秉承主席意見。

（五）盛部缺師長四人，請遴補。

（六）朱長官請俟哈匪肅清後再離新。

（七）軍隊須加強機動性。

（八）部隊給養須寬給。

（九）甘、新交界處炸車事項須防範。

（十）請派憲兵入新。

（十一）新疆行政專員重於廳委，擬俟到任後斟酌
　　　　請派。

（十二）中央各項制度須逐漸在新樹立，不可過急。

（十三）新疆現急需茶、糖、布三物，請飭輸入。

（十四）請恢復蘭州、迪化班機。

（十五）請飭運電影入新。

（十六）盛氏所禁閉之人，請由中央主持辦理。

（十七）須使盛氏在中央安心。

（十八）麥斯武德、艾沙等，請囑勿回新疆。

又請總裁召見纕蘅，及赴新之交通工具，亦各繕具
一呈。

## 9 月 24 日　星期日

　　清晨訪吳稚暉、于右任兩位老同志。吳說蘇聯廿年
內不致侵略中國。于因監察院事不順手，奮而辭職，往
成都居住數月，經多方挽留，昨始歸渝。他說我到新疆
要多帶幹部，余曰向無此項準備，余一秉大公，只要
中央派遣人聽話，任何人都好使用。午間約青海馬主席
公子少香軍長午餐，他此次來渝入陸軍大學高教班深。
少香現年廿餘歲，是軍長中最年少者。午後胡政之兄來
談一般政治、外交，他日間將赴延安訪問。近日社會上
親蘇份子謠言隨余赴蘇人員中有反蘇分子，余曰余不反
蘇，則無人反蘇矣。

## 9 月 25 日　星期一

　　上午參加中央紀念，後出席國防最高會議。午十二
時在傅伏波家招待老同志午餐，到有于右任、邵力子、
覃理鳴、葉楚滄、李文範等數人，席間大談，大家痛
快。孫哲生兄告我外間謠傳此次赴新人員中有反蘇者，
余曰無，余負責任。此皆廳委久未發表，外間不免推
測，故有此類謠言。晚六時半熊天翼招待晚餐。

## 9 月 26 日　星期二

　　上午七時半偕叔仁晤陳光甫、伍克家，談余家生活
計劃事。光甫、克家均十分幫助，令我可感。上午九時

行政院開會之先晉謁蔣總裁，報告籌備入新，準本星期四起身，並告惟仁夫人仍住重慶，麗安帶申、庸、光三兒入新。又告此次赴新，當盡心竭力，向前邁進，一切請放心，遂即辭行。今日院會，新疆省政府廳長、委員名單如下：委員兼民政廳長鄧翔海，委員兼財政廳長彭吉元，委員兼教育廳長許連溪，委員兼建設廳長佘凌雲，委員周昆田、張宣澤、阿奇木、阿西木、劉秉德、太平、加里木汗、於達，秘書長曾少魯。醞釀一月，新疆省廳委人選今已發表，惟許、佘兩廳長資歷較淺，又與果夫、立夫關係較深，外邊雖議論，余當力予幫助。余此次只保小魯、昆田、於達三人，其他均總裁決定者，或地方知名之士者，余毫無私心，一秉大公，以天下人辦天下事，無人我之分也。午十二時徐可亭兄招待午餐。經國來談他擬赴新疆一行。陳立夫來談新疆兩學院事。今日院會又發表田崑山、楚明善、陳效藩為本會委員，熊耀文藏事處長。

## 9月27日　星期三

上午十一時晤陳果夫兄，談此次新省府人選之經過與將來專員之人選之標準。午十二時行政院各部會長官招待午餐，十分歡洽。余簡單致謝，略謂余任蒙藏委員會八年有餘，邊疆尚稱安定，此皆各部會長官幫助之結果。次說此次赴新，堅辭未准，只得奉命前往，惟責任重大，務請諸位幫助。至蒙藏委員會仍由余兼領，以免邊人誤會中央治邊政策之改變，故派羅佶子先生代理，亦要請諸位幫忙。至一時半，圓滿盡歡而散。盛部長晉

庸于餐後與余到郭宅談話，對于余到新後辦事賜教甚為
開誠，十分感激。今日（廿七）午後三時，總裁召見新
疆省府新廳委，余帶領前往黃山晉謁。彼等先退，余告
以下數事：

（1）擬聘卜道明等為省府顧問，總裁曰參議可矣。

（2）擬以萬昌言為新疆學院院長、省黨部委員，總裁
　　　曰可矣。

（3）總裁擬以方策為新疆專員，余曰很好。余保張愛
　　　松、左曙萍為專員，對張則許可，對左未表示。
　　　余保曹啟文為專員，並代他疏通卅一年酒泉撤
　　　職，未得總裁諒解（曹是果夫特保者）。又保胡
　　　維藩為專員，總裁對于此人似無印象。

（4）談黨內情，余曰黨內意志搖動，外黨趁間而入，
　　　多方挑撥，尤以各有外人背景，這是黨的不幸。
　　　總裁問，余曰經數日之考慮，未想出好的辦法，
　　　外人最近對我輿論不佳，都是中國人從中作祟，
　　　令人痛心，如此時更換政府人員，不一定就可以
　　　辦好，可以一新社會耳目。如擬調整，應從辦
　　　理，否則表示堅強態度。

（5）最後余曰你的身體十分重要，如身體好、精神
　　　好，一切不成問題，一切都成功，營養重要，須
　　　注意。你要大家替你分勞分怨，現在人辦不成的
　　　事，或難辦事，總對你身上一推，這是很不對
　　　的。我明日飛新，你需要我的地方，隨時去電，
　　　隨即前來。

此次談話十分圓滿，在公私兩方面均能顧及，是從來談

話很少有。總裁一人繫天之安危，如此辛苦，我心不
安。今日（廿七）午後七時半在外交賓館，蘇聯大使館
代辦大使司高磋、一等秘書安拉尼也夫、費德林（中
文）、代理武官尼潤爾斯基上校，並以邵力子、卜道
明、屈武、外部保幫辦諸蘇聯通作陪，至十時後方興
散。此乃余赴新前，對蘇應有聯歡也。今晨五時半起
身，夜十一時半就寢，十分疲困。

## 9月28日　星期四

原定今日上午十時左右起飛，嗣聞蘭州天候不佳，
未能成行。上午十一時盛部長來訪，託余帶交彭廳長吉
元、李處長英奇、盛副官長世英、張副處長光前、富副
處長宜廉等幹部人員親筆函，尤其對余推崇，囑彼等聽
余話，余甚感激。今日既未成行，趁此休息，亦是難得
之機會。憲兵司令張鎮（□□）來訪，據云以最短時間
先準備，最好憲兵一連開迪化，為余衛隊。張又報告現
在憲兵有廿六團，準備開一團赴新。張隨蔣總裁任隨從
副官多年，人極忠實，與余感情甚佳。午後六時馮煥章
兄在青年會招待晚餐。

## 9月29日　星期五

今日天雨，仍不能起飛，只得靜待。近一星期天氣
非常炎熱，昨夜落雨，今日轉涼。余在炎熱之中籌備
赴新，十分辛苦，得此風涼天氣，予以休息，身體十分
舒適。

## 9 月 30 日　星期六

上午十一時，得航空委員會電話可以起飛。余等于午後一時半齊集機場，一時五十分登機完畢，機即行動。將高飛，忽得電話蘭州氣候不佳，只得停飛，真是出人意料之外者也。而光甫、克家、晉庸、偌子、世銘、慰文及本會同人及馬繼援諸君均到機場送行，深為感激。

## 10月1日　星期日

　　上午九時，航委會電話報告今日飛機可飛蘭。十時偕文叔、襄叔、馴叔、申叔驅車到九龍坡機場，盛晉庸兄又來機場相送，盛意可感。十時五十五分飛機起飛，於白茫茫之雲霧中，翱翔整一小時。午後一時許飛越漢中，二時二十五分降落蘭州機場，谷主席紀常等咸來機場歡迎。下機後，即偕申叔乘谷主席車赴省府澄清閣休息。澄清閣今夏落成，美國副總統華萊士訪華過蘭時曾下榻於此，余則為下榻此閣之第二人。午後三時谷主席在澄清閣便餐招待，四時余驅車拜訪盛晉庸夫人，並探視盛老太太病。旋訪晤馬子雲兄，余擬定翌朝飛西寧，請子雲兄同行。蓋所以求子雲、子香昆仲言歸於好，藉釋我負責調解之重任。奈子雲婉拒不往，甚為可惜。晚七時谷主席正式在澄清閣設讌，為我等赴新全體同人洗塵。到有馬子雲兄、張參議長等，賓主融融，盛極一時。席間谷主席起立致歡迎詞，略以卅五年來，中央對新省未曾正式派員主政，過去主持該省軍政者，要皆地方崛起人物。今余以中樞命令主新，為卅五年來之第一次，其意義之重大，可以概見云云。旋張參議長致詞曰：清有皖人袁大化之入新，新省賴以安定，今余主新，余亦皖人，先後媲美，新省之平安繁榮可以預卜。蓋皖即安徽，「安」字已寓其中矣。最後余起立致謝詞，略謂：遜清臺灣巡撫之印，刻有福建臺灣之字樣，新疆巡撫之印，刻有甘肅新疆之字樣，足證甘、新兩省休戚相關，如同閩、臺，自古已然。今後益願兩省精誠團結，以為安定大西北之基石。惟望谷主席以下同志及

甘省同胞多多協助指教，實深幸甚云云。八時半席散，
與谷主席及張參議長夜談甚久，午夜始就寢。

## 10月2日　星期一

　　午前天陰雨，在甘省府澄清閣靜候飛西寧之飛機消
息，並接見訪客。十一時谷主席紀常兄來臥室閒談。午
時赴市府蔡市長孟堅宴，將入席，突接蘭州航空站電話
午後可以飛西寧，即偕兆麟趕至機場。午後二時起飛，
極目下望，黃河兩岸，土地肥沃，禾苗茂盛，誠西北一
富庶之區也。飛行歷五十分鐘，三時許降落西寧樂家灣
機場，馬主席子香親率省府各廳處長、省黨委暨安參謀
長等在機場列隊歡迎，中委田崑山因事在青，亦來歡
迎。余於軍樂聲中下機後，即與子香兄同車入城，沿途
警衛森嚴，市街兩旁，盆花爭妍，非常美觀。抵省府，
即與子香兄談話。四時與子香兄至主席公館續談，並於
彼晚餐。西寧塔爾寺班禪靈童宮保慈丹，暨羅桑堅贊、
喜饒嘉措等，聞余到青消息，咸來省府候見。晚間偕子
香兄同回省府，接見班禪靈童及喜饒嘉措等，並贈靈童
禮金國幣五萬元，為喜饒格西作書偕子先生，請於喜饒
抵渝時善為照護。靈童等辭退後，復與子香兄談話，直
至九時許，渠始離去。

## 10月3日　星期二

　　晨六時半，馬主席來省府晤談，彼此情摯意切，娓
娓無倦容。余此次在西寧雖僅一宿，與子香兄談話時間
先後共達六小時。茲將談話內容扼要紀錄如後：

　　余謂馬曰：余將赴新履任，將來需君之助力甚夥。
馬答曰：應該。余曰：中樞甚信任君，近兩年來青省各
項建設，均有進展，引以為慰。余又曰：最近國內民
主呼聲雖高入雲霄，但國民黨根深蒂固，無論如何推
他不倒。

　　余隨而分析國內外軍事形勢，告以日本必敗，現在
我國戰局雖較吃緊，但並不要緊。對於青軍調動一事，
馬稱青軍東調殊不相宜，假如西北有事而需青海部隊
時，則青海可隨時出兵，尤其當西藏或新疆發生變故，
青軍更願效命云云。

　　馬主席對馬祿事並有聲述，彼曰馬祿抵西寧已一
週，彼本屬少將銜，現已擢升為中將，經將其師部擴充
為軍部，並補充以槍械。余聞斯言，深以為否，曰「此
不應該，馬祿師長本擬撤換，在未撤換前而反加強其實
力，實屬不當。」余此語自非子香兄所願聽，而青軍之
所以不願東調，坐因殆即在此。

　　馬曰：柴達木區地位重要，該區距蘇聯邊境甚近，
飛機四小時即可抵達。既復北枕新疆，南倚西藏，最宜
訓練空軍，中央可在柴達木區修築飛機場，由西寧修一
公路通此，作為抗戰期中美國空軍基地之一。敦煌位
柴達木北，地位亦甚重要，可與柴達木連在一起。馬又
曰：玉門以西至新疆一帶，宜於駱駝行走，前歲總裁蒞
青，余曾面陳沙漠地帶，馬隊非所宜，步兵更無論矣，
故非駱駝不可。

　　關於目前青海工作，馬謂：余正將隊伍集中訓練，
一面並修築公路，以利交通。余謂馬曰：青省物產豐

富，建設前途頗有厚望，青海有廣大牧場，出產可供全國之用。馬深以余言為然。

八時在省府與馬主席及各廳處長等共進早膳。八時半接見新疆和碩特旗札薩克輔國公拉德那伯的、右旗札薩克輔國公格恩丹杜爾，及本巴、阿福壽等。拉德那伯的等意欲回返新省原籍，請酌予便利，余決定到迪後致電佶子先生，優予補助旅費，以示中央德意。關於班禪靈童轉世事宜，亦經與塔爾寺代表作懇談，告以倘能獲得西藏政府打扎及達賴認可，中央當無異議。代表等則請求於未認可前，其待遇不變。余亦擬俟抵新後，電請佶子先生辦理。九時離省府赴機場，馬主席以下各廳處長、安參謀長及田崐山兄等均至機場送行。九時半機起飛，十時二十分飛回蘭州機場，預定在蘭州機場稍息，即會同赴新同仁換機西飛，只以行李過磅費時，稽延一小時半。谷主席紀常、蔡市長孟堅及馬子雲兄、迪魯瓦活佛等均來機場握別，並在機場接見新疆旅蘭同胞十餘人。十二時許登機，沿河西走廊向西北飛行，赴武威、張掖、酒泉，於午後二時卅分抵達嘉峪關飛機場降落。空中沿途所見，河西走廊田畝縱橫，灌溉便利，堪稱吾國大西北之精華所在。余本擬即日逕飛迪化，鑒於同仁等多屬初次飛行，辛勞逾恆，故決定留嘉峪關休息一晚。午後四時卅分召集赴新全體同仁在嘉峪關航空站談話，曉以到新後應注意各點，若嚴守秘密、有恆心、言論一致、注意行動、禁止不良嗜好、報告須先分呈主席、不隨便得罪人、廉潔自持、減少應酬、節約菜肴、勿信謠言等。五時半，承航空站借卡車一輛，載全體同

仁遊嘉峪關，余則獨留航空站休息。晚宿航空站站長室，其他人員住航空站招待所。

（以下日記在主新日記中篇幅甚多，日達千字以上，將來當摘要補入。）

## 10月4日　星期三

晨八時，機自嘉峪關機場起飛，一小時後入新省境，連綿戈壁，闃無人煙，層峰積雪，蔚為壯觀。十時降於哈密機場，軍政官吏均到場迎，由李總司令陪同至伊部休息。哈密為新省東部重鎮，蘇聯班機以此為起點，經迪化、伊犁而達蘇之阿拉木圖，哈密並駐有蘇聯商務代辦處，重要性可知。十一時半機續飛行，午後一時經天山上空，群巒叢疊，綿亙甚長，洵南北疆之鴻溝也。過天山後，地平曠，漸見人煙。一時半機降迪化機場，新省黨政軍首長、學校、法團及各族代表，暨蘇、英、美三國總領事，均在場迎侯。當與朱長官一民兄握晤，並與各領事、各黨政首長會晤。抵省府，與一民兄談話三時，當晚余與申叔等住省府。

## 10月5日　星期四

本日余偕秘書長曾少魯、省委兼民政廳長鄧翔海、教育廳長許蓮溪、財廳彭吉元、建廳佘凌雲、參謀處長於達及省委周昆田、張宣澤等先行視事。上午十一時於西大樓召集省府各廳處所屬職員一千餘人訓話，曉以今後辦事及處人之道，並勗勉同人保持樸素風氣。復述及新疆地居中蘇交通要衝，在親仁善鄰之原則下，望各同

仁致力中蘇友誼及合作之加強。詞畢，介紹省府新任各廳委。十一時半散會後，朱長官將省府印璽送來，余並與吳特派員譚對蘇外交，宜採取善鄰之旨。午後在一民兄處便餐，伊談今次新省事變及被押官民情形，余晚間在府設宴招待迪化黨、政、軍各主要人員及記者等五十餘人，由各廳委作陪。席散後接見陸軍師長李禹祥，詳詢哈匪竄擾情形，並聽取新任警務處長胡國振報告盛督辦之特務組織及其活動情形甚詳。余擬雙十節舉行就職宣誓典禮，今電請總裁派員監誓。

## 10月6日　星期五

晨與陳團長俊談哈匪近情及盛前主席在新軍力。又招省府顧問安文惠詢以新省經濟狀況，及叛匪猖獗之前因後果，因安熟闇新省風土人物情形也。午後召省府各廳委談話，其中心為外交、匪患、經濟三事商定辦法：

（1）以庫存黃金一萬餘兩，維持新幣與法幣一與五之比值。

（2）關於匪亂，則剿撫兼施。

（3）經濟、建設事項，交佘廳長、胡處長商議。

（4）新省物資缺乏，如何生產與輸入，交佘廳長等擬議。

（5）對蘇外交，由外交特派員署會商辦理。

（6）雙十節慶祝儀式亦經詳議，並決定發表告新省民眾書。

盛前主席逮捕在迪各族、各界人員不下二、三千。余以被捕者之家屬求釋，茲為謀安人心，維持秩序起見，

已批准開釋計第一批百餘人、第二批廿四人，尚有
二百五十餘人，應否即予開釋，已交胡處長查明呈核。

## 10月7日　星期六

　　晉庸兄之父盛老先生今搭專機飛蘭轉渝，余於早七
時親至機場送行。八時偕張委員宣澤至東花園早餐，與
一民兄及於參謀長等商談雙十節慶祝儀式，暨剿撫叛匪
辦法。十時返省府，茶點招待舊吐扈特北部代理親王喬
嘉甫。喬夫死，伊即代理親王職。嗣接見新霍碩特鎮國
公達木鼎策德恩、騎兵第二師參謀長蘇木、代理迪化縣
長邢寯藻、卸塔城縣長趙都芳等。後與吳特派員澤湘詳
談對蘇外交情形，達五小時之久。晚間研究雙十節告新
民眾書稿。午夜於熟睡中接保安司令部電話，稱哈匪由
阜康南竄，離迪垣不過三十華里之地帶云。

## 10月8日　星期日

　　午前接見皖同鄉，現任合作社副經理陳秉森，與陳
同來之女婿汪銘忠立煌人，曾任迪化縣長。午後招於參
謀長及彭廳長談話，對於剿匪辦法詳為研究。五時半，
於、彭兩人方去，即聞申叔墜車受傷，遂延傷科醫生李
壽彭來診治。經將左臂脫節處拍上，左腕小骨已斷，亦
為接合，李云須月餘後始能行動如常。李天津人，精拳
擊，世代傷科，頗負盛名，申叔之傷或可望愈也。

## 10月9日　星期一

　　晨八時，李壽彭大夫來為申叔治臂傷，謂脫節及斷

骨處經糾正後經過良好，可以無慮。十時接見札哈沁部落大喇嘛兼本府參事嘉拉蘇布。其原籍外蒙，念餘年前外蒙政變，挈喇嘛五十五人隨札哈沁部落親王遁入新省，遊牧為生。王死，小王年幼，其職由嘉掌理。現有蒙胞三百餘，居烏蘇近地，與哈回人比鄰，頗相安。余乃囑其返告哈民安居，毋再肇亂。午後招見主任秘書平戎，商送喬親王及嘉喇嘛禮品事，並詢及省府情形。又接見顧問馬廷驤，伊回族鄯善大地主也。復接見驛運分處樓處長及警局長劉漢東。四時與警務處胡、傅兩處長談處理哈匪辦法，據云被押人員中不乏哈族領袖，若艾林郡王等，吾人不無可以利用之處，藉平哈患。余即囑少魯赴獄探視艾林，代述本人慰問之意。前任省主席劉文龍年已七十八，遭軟禁已十有一年，現與老妻、弱孫蟄居馬廄，為狀頗慘，前曾致書於余，已令飭解除警守，並令少魯代致慰問。雙十就職，今奉總裁復電，已派朱委員紹良就近監誓。

## 10 月 10 日　星期二

省府慶祝國慶紀念大會，及省府各新任廳委、秘書長宣誓就職典禮，於本日上午九時在西大樓舉行，到各機關代表六百餘人。國慶紀念由余擔任主席，行禮後即宣示對新施政方針，勗勉同人加倍努力。詞畢，禮成，繼即舉行宣誓就職典禮，由朱委員代表中央監誓。行禮後，余及各廳委、秘書長等面向國父遺像舉右手宣讀誓詞畢，由監誓人致訓詞，余代表宣誓人致答詞。詞畢，就職禮乃於奏樂聲中禮成。十時，北門外軍分校大

操場舉行省會各界國慶紀念大會，到各機關、法團、學校、公務人員、學生及民眾代表一萬餘人，會場佈置莊嚴，情緒壯烈。大會於余到時開始，余任大會主席團主席。領導行禮後，即囑省府秘書長曾少魯代為宣讀國慶日告新疆民眾書，到會者均肅立恭聽（辭略），並向國府蔣主席致敬上蔣電文，於全體民眾勢烈掌聲中一致通過（電文略），旋即高呼口號，散會。會後率與會各廳委巡閱大會行列，並親向民眾慰問，遊行行列於大會禮成後出發，沿途高呼口號，紅藍布標隨風飄揚，觀眾如堵，情景空前。午後三時至五時，駐迪蘇、美、英領事分批至省府向余賀任，並表示慶祝我國慶之意，賓主懇談，極盡歡洽。

## 10月11日　星期三

今晨偕吳特派員澤湘分別回拜蘇、英、美三國駐迪領事。十時抵蘇聯總領事館宴，葉代總領事等招待頗殷勤，談話亦甚懇切。葉對中國哲學頗感興趣，以古語「三十而立」之意見詢，余乃背誦此章全文，並告以此為孔子敘述自己求學之次序。復告以中國哲學博大精深，若孔孟之倡仁義、老莊之法自然，要非歐美哲學所能望其項背，惜乎外邦學者其真能明瞭中國哲學者殊不多見。後涉及中蘇兩國邦交，彼云「中蘇兩國在歷史上，從來未打過仗」，余欣然曰誠然，此種事實，殊可保貴。後詳談兩國關係，談話經過十分圓滿。十時半辭出，赴英領館。英領刁茹樂為人爽直，不拘小節。余稱中英兩國禮俗相仿，並均酷愛和平，在外交上所謂重大

懸案而未了者，可謂絕少，中英關係願加強與合作，實
非難事。彼深表贊同焉。十一時辭出，續訪美國領事施
彌福於其領館。彼甚注意哈匪問題，余言哈族人之天性
及其生活實為變亂之因甚詳，並言今後以誠懇之道待遇
該族人民。彼謂聆余天理、國法、人情之說，深為敬佩
云云。十一時半返抵省府，十數婦女跪地而泣，詢其
故，皆回夫、子在押，生死不明，僅代表百餘婦孺，請
為復仇雪恨云云，厥狀甚慘。深感盛前主席如此作為，
豈非逐漸演變而成者歟。午餐後，少魯來云已為余慰問
被押之艾林郡王，艾表示欣感。午後一時，一民兄來談
新省軍事、政治、社會及剿匪計劃各節，達三小時之
久，彼此意見一致，殊為難能，余深為新疆前途慶焉。
晚接盛晉庸、彭吉楨、張元夫三人賀電各一件。

## 10 月 12 日　星期四

　　晨中央軍校新疆第九分校龔副主任來訪，以此間軍
隊兵額編制及訓練等事見告。晚七時往西大樓觀第九分
校表演話劇孤島天堂，劇情描寫今日上海群奸之醜態，
演員技術甚純熟。據聞自余到新，履任雖僅及週，民心
已趨安定，商業日漸繁榮矣。關於目前治新辦法，余已
擬定目標：

（1）哈匪問題，一方面派遣在新較有聲望之哈族頭目
　　　赴渝展觀，予以優禮。

（2）財政問題，目前新省軍隊費用月需一萬萬新幣，
　　　新省無力負擔，擬請改由中央負擔。

（3）經濟問題，目前增加本省生產與輸入外來物資，

實屬必要。

（4）人才問題，新省人才原感缺乏，近年以殺押眾
　　多，僅有之人才亦已摧殘殆盡。今為挽救計，
　　惟有獎勵內地有志、有學之青年來新工作，以補
　　不足。

## 10月13日　星期五

　　晨九時舉行省府第六十六次委員會，茲將重要議案
略記於下：

（1）派委員張宣澤兼任本市市政委員會主任委員。

（2）派姚尋芳兼代省立醫院院長。

（3）增強內地醫士、護士來新工作。

（4）優卹月前來新，行抵猩猩峽，遭哈匪埋伏地雷遇
　　難之邱壽彭醫士及護士數人。

十一時半散會。午後接見省府顧問張得善，張甘肅人，
年七十七，遜清拔貢，歷任新省縣長、警廳廳長、省通
志館長。其子永澤于廿八年被捕押，近始知其早已病
故，尋屍不獲。張有故居慕陶廬，為政府強以微價購
用，現請繳回原價，將屋歸還。又其孫繼業亦在押，曾
受非刑，幾死，請予開釋。余聞之惻然，允核辦。劉前
主席文龍今來函謝派員慰問之意，原詞內有現已撤崗去
鎖，全家多年痼疾，仰荷生春妙手，一旦霍然，從此
在民國光天化日之下與眾同遊，殘生被澤，感謝不忘
云云。

## 10 月 14 日　星期六

晨至東花園與朱一民兄討論新省經濟、政治及哈匪等問題。伊云昌吉、奇台兩處哈匪經我軍痛擊，已告後退，我並派飛機前往該兩處轟炸，死傷匪眾數百。中訓分團教育長盛世驥定昨日離迪飛渝，一民兄今為設宴餞行，余作陪。午後盛來府向余辭行。警務處副處長富寶廉來稱審理被押人員，頗感棘手，請准予辭職，余面挽留，並加勗勉。舊土爾扈特南、北兩部落民眾代表典增喇嘛等十五人，自焉耆來省晉謁，表示擁戴之意。余接見，詢以地方是否平安，答甚平靜。余謂余此番主新，目的在保護人民、安定地方，彼等均起立致敬。余問尚有何言，驟見各人淚如雨下，若不勝其哀者。典增老翁探懷呈一函，大意懇請假釋南部落漢王滿楚克扎布，以便治疾。查滿於廿六年十月為盛前主席捕押，迄已七載，其妻烏靜彬乃恭桑扎爾布之女公子，現與子女留居迪垣，夫婦七年未見。余遂召烏至慰問，烏求與其夫一晤，余准其明晨相會，各代表始興辭而別。喬親王嘉甫為夏歷瓦活佛轉世及霍布克匪患各事來府面陳意見，頗有見地。余今又批准釋放被押案犯百餘人。

## 10 月 15 日　星期日

晨雪。前任迪化航空站主任段春生過訪，伊亦合肥人，與段芝老同族。據云到新多年，長空站時一度為盛前主席扣押，幸即被釋。余詢新省一般情形，渠一一詳述，午時始去。午後李總司令鐵軍兄來談哈匪猖獗，伊犁方面情勢甚緊，逆焰漸擴大，已派師長一員前往主

持痛剿。李推薦其廿九集團軍軍法處處長林岳玉為行政
專員，余允先以鎮西縣長任之，先習政治方法，候機徐
圖。又接見副官處副處長原耀塋，伊陳述以往督署情形
及現在副官處內部組織甚詳。報載盟機一千一百架近襲
臺灣，另一大隊襲呂宋，可見美軍在太平洋之攻勢漸增
強大，惟中國戰場近頗失利，當局應注意也。

## 10月16日　星期一

　　晨接迪化航空站電告文叔及來新第二批核定人員等
昨已抵蘭，迪化機場因雨土軟，已電蘭站機今勿西飛，
以免遭遇意外。午前先後接見前慈善會會長沙致祥、前
立法委員兼任塔什干總領事廣祿、前任安集延領事薩拉
春等。沙君云迪化文廟及城隍廟均在城外，請余飭遷城
內，以求吉祥。廣、薩兩君青年英俊，均於廿六年在領
事任中為盛前督辦召返下獄，今始開釋，擬乘飛機回伊
犁故里。余以機正軍運甚忙，如願趁汽車，則可設法，
並託其回伊犁後向作亂同胞毋再滋患，兩君唯唯。午時
吳特派員來訪，以其外交折衝經過見告。又新疆日報社
長郎道衡被押在獄，負責無人，爰委昆田接任社長，今
往視事。晚間廣播，美艦隊與日艦隊已於臺灣以東海面
正式交鋒，久經消聲匿跡之日海軍，見勢日促，亦不得
不出而應戰矣。吾人固願美軍一戰而勝也。又息德國西
歐戰場統帥隆美爾已墜車殞命云。

## 10月17日　星期二

　　新任新疆學院院長萬昌言來稱學院業已接收，惟教

授缺乏，亟擬赴渝延攬來新任教。午與鄧廳長翔海商談
專員人選，均以目前頗少適當人才，現有數區專員缺額
尚未派定，行成行政上一大問題，解決之方須熟圖之。
午後接見警處胡處長，渠對總裁電示新省警分校主任改
由陳丕輝接任一節表示異議。蓋陳係中央警校派，胡乃
政統局派，系統既異，為求警務行政與警務教育切取聯
繫計，仍宜胡兼主任。余亦以其說為是，即復電呈乞總
裁核示。余晚將警處所編各案被押人員名單詳閱一遍。
文叔自蘭電謂所乘歐亞機因俄國油不合用，俟取得美國
汽油，即可西飛來迪云。

## 10 月 18 日　星期三

李總司令來府辭行，伊今飛哈密，不久即回迪，余
贈皮□及羔皮統各一件為禮。午與鄧廳長談被押人員之
審問及開釋問題，日前余已陳中央請令飭軍法總監部迅
派員來辦理，以專職責，將來審訊擬全由派來人員辦
理，不得參雜他項人員，以示公正。午後哈密回部小王
武外頭阿吉來謁，武年僅廿餘，其祖父逝後，由其父滿
皮工浦阿吉為王，廿六年十一月被押，生死不明。小王
面懇查詢，萬一已死，請准收屍。余謂如尚在獄中，當
飭予優禮，不幸已死，亦希毋過悲悼，蓋人死即升天，
不足悲也，一面即飭員查明下落，以便使其父子相會。
據報叛匪在伊犁一帶有蔓延之勢，今派曾秘書長往朱長
官處商談應付辦法，擬請其迅派高級軍事人員前往支
持，務期撲滅匪焰，根絕後患。今擬定主席辦公廳組織
及工作分配，周委員任主任、沈秘書兆麟辦理情報及日

記資料，俟吳秘書文叔、刁秘書操良到迪，則分掌事務
與文書。

## 10月19日　星期四

晨與警務處長胡國振談被押人員之審理事宜，應先
作一系統之整理，俟軍監部人員到迪即可交辦。余復與
胡商定再釋放二、三百人，並與訓話。今發表省府秘書
易南凱為木壘河縣長。哈密回族小王昨請查詢其父，據
報回王已於去年二月病死獄中。漢回（東干回）大阿洪
馬良駿，年已七十有五，新省回教首領，也尚在獄中。
今派胡處長領至省府面予開釋，並致慰問，馬稱感謝，
並云其子已慘死獄中。惟馬究係阿洪，頗為達觀，謂為
天意。邱宗濬乃盛前督辦之岳父，在新十餘年，歷任要
職，頃將赴渝，來府辭行。漫談新疆各情，有感盛在新
一切作為失諸太多，頗不贊成云云。喀什情報，蘇聯駐
哈什領事返蘇前，曾向領館職員以不要說話為誡，新領
到任亦曰不要多話，過兩月就好了等情。按喀什新舊蘇
領同作此語，意義何在，甚堪玩味。關於叛匪近情，鞏
哈已陷匪手，伊甯局勢緊張，余擬派鄧廳長日內赴伊視
察，以安人心。又據蔣紹禹謂，伊黎蘇領館屋頂架設機
槍向外掃射，少數叛匪乘機進擾伊甯機場，經被擊退，
伊甯城內之軍警常有被暗殺之事。又據喀什區警局電報
蒲犁等地，哈匪確有蘇聯背景。文叔自蘭電告，須延
二、三日始能飛迪云。

## 10 月 20 日　星期五

今舉行省府第六十七次委員會議，與會者同感各機構財政之不易維持，冀謀財政之安定。鄧廳長擬明日偕廣祿、薩拉春兩君乘機飛伊甯視察，並予宣撫。文叔自酒泉電報云，與庸、光兩兒午抵酒泉，機降時損壞，不堪再用，幸乘客一無受傷。余即電渝航委會，請迅派機救濟。迪垣週前降雪，今氣候頗寒，已結薄冰，塞外寒冷，於此可見。

## 10 月 21 日　星期六

佘廳長報告兩週來處理廳務情形，余囑其諸事循序漸近，毋操之過急，俟局面定定，財政情形好轉，再圖工作之開展。天降雪，迄晚未止，氣候更寒。四時至新大樓巡視，該樓係盛前督辦官邸，民國卅年落成，樓分兩層，全以鋼骨水泥砌成，內部油飾尚新，大小屋約五十餘間，均裝有暖水管，惟傢具已搬去一空，屋後有金庫、軍械庫，盛之財源、力源所藏處也。五時往訪朱長官，對於被押人員之處理，聯名電陳總裁飭令軍法監部迅派人員來迪審理結案，以慰民望。午後六時在新大樓宴請蘇、美、英三國駐迪總領事，及迪垣各機關首長等卅餘人，杯盤交錯，情緒融洽，八時始散。晚間詳閱米祿等二百五十三名被押名冊，當即批准，全部開釋。

## 10 月 22 日　星期日

晨大雪紛飛。九時出席中央訓練團新疆分團總理紀念週，領導行禮後，即向學員訓話，指示鄉、鎮長在地

方上自治之地位及責任之重大，並就管教養衛之實施，簡括予以說明。次對學員中擔任校長、教員者指示今後努力重點：

一、推廣識字教育。

二、融洽各宗族感情。

三、訓示人民行使四權。

四、解釋法令。

最後囑將雙十節就職講話轉達各鄉鎮民眾，並實行云云。該團主任原為盛世驥，盛去後，現改派徐觀餘暫代。午時在朱長官處進膳，談新省當前各問題，頗為投機。旋伊表示，擬將新省軍權交余管理。經予婉辭，並曰余早歲帶兵，臨陣搏戰，頗多殺戮，行年四十，即立志不再帶兵，今決不稍移易，願為原諒。財政廳長彭吉元迭請辭職，余特薦關吉玉兄繼任，電乞總裁核奪（電略）。

## 10月23日　星期一

【缺】

## 10月24日　星期二

【前缺】將其風俗、習慣、思想、信仰得一了解，則一切工作必致徒勞，甚至憤事。末謂諸君青年有為，願大家珍重身體，努力工作云云。十時至警務處視察各辦公室，頗為整齊。十時半出至門首，有十數老嫗婦女或為子求釋，或為夫呼援，聲淚俱下，余一一婉予勸慰，並面囑警務處長迅為查明辦理。十一時至教育廳與

許廳長、劉副廳長、王主任秘書談話。劉年僅卅餘，新疆人，實為新省人才之一，余囑努力求學，切實襄助許廳長。旋參觀各科室，離廳返府已十二時餘矣。午後庫車回部親王達吾提來府查詢其父及叔之下落，據報各獄無此二人，恐已不在人世矣。吳特派員抄來吾國駐蘇傅大使致伊之電文，謂蘇聯外交部謂新疆近所採取之步驟，係以改善兩國關係為動機，惟應根據以後事實方能證明等語。如此傲慢，中、蘇關係之打開將費周折也。

## 10 月 25 日　星期三

日前侍從室來電謂「中委麥斯武德請返新，如何？盼復。」今與朱長官聯名電復以現時回新，尚非其時。十時至新疆日報社參觀，有各族工人三百餘，刊行報紙國文報日一份，哈文、俄文、維文諸版數日一刊，外縣並有分社數處。余便道至西塞公園一遊，小橋樓臺，樹木葱黃。烏魯木齊河自東南曲折流來，注入湖中，絲波盪漾，水聲潺潺，別具幽趣，園中豢養動物數頭，若鹿若熊。北有楊增新手建祠堂一幢，朱樑畫棟，頗為壯麗。昔年樓正面曠地有亭一座，立楊增新銅像於其中，今則亭毀像遷矣。自園北望，雙峰對峙，兩塔分立，若爭雄雲間。午後接見趙廷楨，伊於民初隨楊增新來新，現稱尚願帶兵保國。又見沙灣水利工程處處長張雲沛，現在沙灣主持集工開渠，伊謂渠長卅餘公里，明春工竣，可得耕地六十餘萬畝。接見西北公路局工程司喬福德、秘書馬家駒，兩君奉命率車十八輛，由蘭赴葉城接運印度輪胎，昨日因公來此。吳特派員澤湘來晤，

准財政部函請將本省約定羊毛十萬關擔籌齊運蘇，以維
對外信用一案。經與吳商定，准予籌運。吳抄送傅大使
來電，原電略謂蘇外部稱阿山蘇領館婦人被毆後，又發
生兩案，請阿山當局改善態度等語，真情如何，仍請電
復。余復電謂，俟專員派定，當令知照。並電總裁，請
飭新任劉特派員早日來新，以利工作。晚應蘇聯總領事
之宴，同席有十餘人。

## 10 月 26 日　星期四

　　余向新被開釋之案犯二百七十餘人訓話，略云諸君
被押，一係政治環境，二則可說是天命。孔氏曰「成事
不說，遂事不諫，既往不咎」，希望各位不再懷恨過
去。又謂現已回復自由，一切事業從新做起，無論國家
與地方，仍需君等在三民主義共同目標下努力工作云
云。繼往西門外中央軍校第九分校視察一週，歸途至高
等法院及地方法院參觀。曾與高院劉院長、地院王院
長、吾曼爾副院長聚談吾維人回教經文，頗有根底，余
與談論回教意義，頗感興趣，返府已午時矣。午後赴朱
長官處，談及我國國防情形，余暢論各地形勢及應守之
據點。又云余此番主新政事，千頭萬緒，顧年已邁，惟
願為國家立一國防計劃及政治基礎。晚間得中央廣播，
太平洋戰事美艦隊已迫使日本艦隊出戰，雙方宣傳未有
損失，大海戰尚在進行中云。

## 10 月 27 日　星期五

　　今得民廳鄧廳長自伊犁來電，略報伊犁近情謂鞏哈

之匪不過有槍三百餘枝，此股逐步包圍，俟合圍後，限期勸諭自投，倘不遵再剿。伊正與各方交換意，擬即召各族士紳百餘人商討宣撫辦法。荷領事已晤及，相得甚歡。現住專署，除辦理治匪事務外，就便搜索附近各縣局，檢討工作，並考核負責人員云云。今舉行省府委員會議，對于下列各案，余提出意見：

（1）電燈公司簽請加價，余以近來物價波動不已，民生困難，如徒在公營事業加價，不詳研其他辦法，似屬不宜。

（2）關於公路保護工作，余為便利計，由縣地方辦理，其經費由省府擔任。

（3）西安難童五百名移新一案，余以新疆現值物缺天寒，即電何局長競武請暫緩西來。

（4）前省府秘書長邱宗濬之公館，省府擬以新幣500萬元價購，余以價購不相宜，由府送邱新幣200萬元為酬較為合體。

今朱長官一民兄五十四歲誕辰，余設宴款待，藉申賀忱。晚邱君來會，對於由省府致送新幣 200 萬元接收伊宅明園表示謝意。關于本省對蘇邦交應予改善，今特電各區行政專員，詳予指示（電略）。

## 10 月 28 日　星期六

上午偕許廳長視察各學校，先至省立女子學院，該院附有小學、幼稚園、托兒所三部。女院屋係新建三層樓房，教師多女性，院內有舊滿城遺跡泥城一角（今則牆均圮損，不知原址矣），朝陽斜照，令人生今昔之

感。十時半出南門，逐一視察省立師範戰區兒童教養院、新疆學院歸化中學等處。教養院學生百餘人，年均十齡左右，乃戰區兒童，無家可歸移送來新者，多屬河南、山西、河北等省籍。余向學生訓話多時。學院則分簡師及師範兩部，學生漢、哈、蒙、維各族均有，歸化族學生百餘人，男女各半，黃髮碧眼，迥異他族。下午先後接見趙鴻鈞、許世隆、札鴻恩、楊德克、馬彥章、趙劍鋒、徐毓祜、張宏、胡廷偉及杜重遠之夫人杜侯御之十餘人。馬彥章任央行迪分行經理，余與其相談新疆金融及幣甚久。晚赴美領事施彌福之宴，余與在座之英領事刁茹樂暢談中國哲學。余略云儒講忠恕，道法無為，佛求因果，論其程度，佛深於道，道深於儒，故治中國哲學，通儒而後學道，通道而後學治佛。伊深為領首。

## 10月29日　星期日

晨與保安司令部於參謀長討論該部人事問題。午後批閱公事，據和闐梅專員電稱和闐英領告當地民眾曰，三個月至六個月後，新疆人民均有自由可言，現在須服從中國政府等語。又據迪化縣政府轉陳檢得阿山匪首窩斯滿所發傳單，內容歷舉盛前督辦任意逮捕人民，違法苛歛，不顧人民生活，故通告各族民眾共起推翻盛督辦政府，使新疆臻於安樂云。閱讀伊斯蘭教概論一書，頗有所感。旬前接果夫兄電，以省黨部情形見詢。昨經電復，略謂此間黨委除在押及離職者外，僅有委員四人，均尚平實，如派新人員來，總以老練切實者為宜，併供

參考云云。

## 10 月 30 日　星期一

　　晨訪朱長官，與談新省軍事及財政等問題。關於軍費，新省因本年剿匪預計支出須超過十萬新幣，無法負擔，決定電請中央補助。至於叛匪，余決定對伊犁方面須用武力，以立國軍之威，對阿山方面則擬招撫。朱長官甚以余言為然。在朱處午餐，飯後與其續談哲學及經濟，甚為歡洽。二時天降大雪，由於參謀長陪同視察保安司令部，其辦公地點係前督辦公署舊址，稱東大樓，屋宇寬大，並有暖氣設備，將來稍加修葺，可成為最合理之辦公處所。三時返省府，接見蘇駐迪總領事職員潘君，潘奉領事命贈余貂皮帽一頂、毛衣料一套，盛情可感。潘君操中國國語甚流利，對中國哲學甚有研究，余與其談我人四十年來從軍、從政之經過，復談中國哲學及吾國民族性。伊靜聽吾言，頻頻點首稱是，歷二小時始去。徐恩曾、何雪竹電謂關於審理新省被押人員一案，經總裁批，由調統局及軍法監部會商辦理，擬將審理人員名單呈奉核定後，即可來新云云。纕蘅兄電告中樞動態，內有總裁擬派經國代表赴蘇之語句。迪化外交署轉來哈什英總領事支樂德電，向余致賀，並告將隨印度駐華專員來晤。大雪迄晚未止。批釋回案犯七十名，並定開釋時予以訓話。

## 10 月 31 日　星期二

　　昨、今大雪不止，長空均白，氣寒為關內所未見。

今奉總裁電示以清理新疆特種刑事積案，已派高級軍法官余廷襄率法官六人專機赴新辦理。余即呈復遵命辦理。日昨與朱長官論及新省財政，僉認目前新疆官民交困，挹注維艱，僅恃發行紙幣，良非長計，應將剿匪軍事費用及其他地方不能負擔之支出，請中央補助。爰於今日與朱長官聯名電陳總裁（電文甚長，未錄）。

## 11 月 1 日　星期三

午後接見賓客，計到新省政府諮議錫索滿、文化總會主任委員穆精阿、前東北抗日軍旅長韓彭、呼圖壁縣長丁立南等五、六人。晚間草擬下星期一擴大紀念週演辭稿，擬將旬日來視察省垣各機關觀感作一總報告，並略申應行改善之點，以為政府方針。今雪花隨巨風亂舞，呼呼作響，倍增旅意。余前在渝曾與光甫兄商定在新成立旅行社，晚電重慶佶子，請轉知該社迅派人員來新籌備。關於先後開釋案犯，為數已不少，誠恐盛前督辦誤會，特電陳總裁表明（電文未錄）。

## 11 月 2 日　星期四

晨分赴新疆商業銀行、中央銀行迪化分行、財政監察委員會、迪化公務員消費合作社、裕新土產總公司、新光電燈公司、肥皂廠、糧棧、印刷廠等處（上述各機構詳情已記載於主新日記中，此冊限於篇幅，故未錄）。

## 11 月 3 日　星期五

晨九時舉行省政府委員會第六十九次常會，討論重心為新省當前之經濟問題，對於省垣各級學校學生之副食費之調整，亦有論及。第二批來新人員于上午十時自哈密乘中蘇機飛抵迪化，在去城西卅餘里之中蘇機場降落，同機來迪者除庸、光兩兒及文叔姪外，有曾秘書長、鄧廳長、佘廳長等眷屬。渠等十月九日專車離渝赴蓉中途，迭逢翻車及車頭起火危險。十四日抵蓉，十五

日自蓉飛蘭，因汽油發生問題，滯蘭三日。十八日由蘭飛達酒泉，降時又因墮機留肅旬餘。綜計自渝至迪，費時二十又五日。抗戰期間，長程交通自非易易，各人途中雖備嘗艱險，身體精神幸均健常，殊為欣慰。

## 11月4日　星期六

拘押迪化監獄之回案犯七十一名，均係回族，被押日期在卅年與卅一年之間，所判刑期為三年半至十二年不等。該案主犯馬良駿為迪化回族大阿洪，年已七十二，判刑十二年為最久，餘七十人中，多半係各地阿洪。余為調洽回族、尊崇宗教起見，一律予以釋放，並於今午後二時於警官學校大禮堂召集全體案犯七十人訓話。大意首先勉慰各人抱定不咎既往、努力將來之態度。繼而闡述伊斯蘭教崇尚和平精神之可貴，對於以往漢回爭殺史實表示遺憾，漢回同胞惕於同一宗教之理，團結一致，和衷共濟，俾奠新疆和平柱石。詞歷二十分鐘始畢（原詞另錄主新日記中）。哈族頭目數十人經釋放後，仍留警務處，由政府供給食宿，並隨時由省府各廳委、處長輪流前往演講三民主義之要義、國民黨之歷史。余今往訪各哈族頭目，適值周委員昆田、胡處長振國講演，見余至，全體起立，余含笑點首答禮，略致慰問即退。三時返抵省府，先後接見鮑爾漢、魏贊唐、宋培江、張炳光、王玉山、李彥明、胡文運、王恒升、李同照等數人。

## 11 月 5 日　星期日

今星期假日，上午赴新大樓察看住房。蓋審判團於短期內即可抵迪，將有相當時日之居留，其住處經考慮後，決定在省府內院，較為妥善，故余須于日內由省府移居新大樓。午後財政廳長彭吉元來晤，渠因鑒於最近此間物價波動甚大，亟宜挽救，主張由余召集迪市商會負責人，商討平價之對策。余謂此舉雖屬需要，然而若無相當把握，誠恐反滋事故，故尚須慎密考慮研究。彭唯唯。

## 11 月 6 日　星期一

今在西大樓舉行擴大紀念週，到各機關代表五百餘人，余任主席。領導行禮後即席報告，首將余日來所參觀各機關統括言之，並將教育、衛生、交通三項略予分述。最後余謂，本人主持新政，即係代表中央，舉凡本省所有各機關，俱應遵行本人之命令，本人對中央負責、對總裁負責，各位對本人負責，以後新疆之一切政治，始可順利處理也（報告紀錄另錄於主新日記中）。今報載美國羅斯福總統談話謂，目前美國在太平洋雖稍有挫拆，致進攻行動不免暫停，但對日決不放鬆等語。觀此，美在太平洋海戰中當有相當損失，日本勢力未可輕視，願盟邦加倍努力也。

## 11 月 7 日　星期二

今日為蘇聯國慶，即蘇聯革命第廿七週年紀念日。午時駐迪蘇領館設宴招待省黨政軍各首長及英、美駐迪

領事。余以事繁，不擬參加，承葉代總領事之堅請，並
特將宴會時間提前至上午九時半舉行，雅意難卻，屆
時而往。英領刁茹樂、美領施彌福，暨朱長官一民、吳
特派員醴泉兄等已先余而至，寒暄既竟，余首先向葉代
總領致賀，並祝史達林委員長健康，旋入宴。蘇領欣然
謂，新疆最高行政長官之為慶祝彼邦國慶，親蒞領館道
賀者，以余為第一人，不勝榮幸，望今後新疆與蘇聯外
交咸能和平處理云。余告曰甚願如此。席散辭出，蘇領
親送門首車邊，英、美領亦隨送，歡洽之情，可以想
見。十一時半返抵新大樓，新居樓為盛前督辦官舍，卅
一年落成，北距前督辦公署舊址不過二、三十武，周圍
環以碉牆，正中巍樓一幢，頗具壯觀。午後監督佈置新
大樓客廳，擬將樓上西部房舍重為粉飾，以備他日總裁
來新居住之用。今日新疆日報為蘇聯國慶特載社論一
篇，題曰「祝蘇聯國慶」，兼論增進中蘇邦交，詞意懇
摯，持論公正，對中蘇外交寄以深切之望，亦可宣示我
人對蘇聯友邦之態度（原文錄主新日記中）。

## 11月8日　星期三

　　晨閱溫泉縣縣長王秉祥等戍虞聯名電二件。第一電
略稱鞏哈匪亂溫泉，接近匪區，民心不穩。第二電則有
匪徒於前日夜半侵擾伊甯，昨日午後尚未解危，形勢異
常緊急等（原電另錄主新日記中）。余為明瞭伊寧事
變真情，立招保安司令部於參謀長詢問，於謂匪徒確曾
侵入伊甯城區，惟據最近伊甯發來電訊，匪徒已在逐步
退卻中。午後伊犁空軍站政治部郭主任來報伊甯方面近

情，稱由迪化空軍總隊所得消息，伊甯機場無恙，距機場五里為空軍教導隊所在地，四圍土牆碉堡，工事堅固，復備有新式機槍，尚堪應付等語。查伊犁區叛眾非尋常股匪可比，彼等以組織東土耳其斯坦偽政府為號召，含有政治意圖，與中央及省府取敵對行為，目無法紀，影響邊防，擾害地方，罪在不赦。前曾與朱長官談及，請其注意軍事，今事起倉卒，實深遺憾。審判團主任余廷襄暨軍法官、書記官等一行十數人於午後專機飛抵迪化，業經指定前政府內院為其辦公處所，該團全名為「軍事委員會特派新疆清理特種刑事積案審判團」（其組織規程另錄主新日記中）。報載美國此次總統大選中，羅斯福已獲選舉人票總數五三一票中三六七票，杜威已承認在此次大選中失敗。

## 11 月 9 日　星期四

晨聽於參謀長報告伊甯匪患近訊，謂僅零星小股匪徒擾亂伊甯，經剿擊後，局勢已趨緩和。於午後則稱刻接伊甯情報，該區匪徒中發現雙重國籍份子，並有新式機槍二十架，顯有蘇聯背景等語。伊甯形勢固屬嚴重，溯思鞏哈既陷，久攻不下，匪徒攻擾伊甯又歷數日，而伊甯北面之溫泉忽又被圍。驚耗頻傳，令人憂心，長此以往，若不增長軍力，痛加剿擊，誠恐匪氛蔓延，至於不堪收拾之境。為此，余於午後五時，往東花園訪晤朱長官。朱亦覺察該方局面嚴重，即派李師長禹祥前往主持軍事，余亦決定再由鄧廳長赴伊一行。因伊犁區專員之缺久懸，為應付時機，即以昨隨審判團同機抵迪之左

曙萍為伊區行政督察專員，隨同赴任。外交特派員公署決定派員赴伊，協助辦理對蘇外交。以上諸人定明日乘審判團來迪尚機飛往。午後三時司徒喬來訪，伊擅丹青，日內即離新赴渝。余出恕庵禮佛圖，伊瀏覽之際，深為贊美，允為增繪蒙胞生活一幅附圖之末，余甚喜。

## 11月10日　星期五

晨八時，朱長官偕於參謀長、張委員宣澤、李師長等至新大樓商談伊甯區匪徒竄擾情況。悉該處匪徒實力雄厚，進剿官兵死傷甚眾，惟城箱各重要據點尚在政府軍手中。八日晚，三台陷落後，援軍進路已絕。為今之計，一面擬先規復三台，一面電囑伊甯駐軍堅守陣地勿懈。十時舉行省府第七十次常會議，其提案以迪化之糧與煤為中心。據財廳簽以迪化之糧多半仰賴奇、孚、木、昌、呼、綏、鄯、托及伊犁區各縣運濟，本年少雨歉收，並因匪患難運，現感不敷供給，以致影響糧價，亟應設法改決，茲擬具意見十項提出公決案。決議原則通過，惟鑒於目前環境，對于施行步驟應慎密研究，由鄧、彭兩廳長及胡處長商妥報會。鄧廳長、李師長、左專員等原定今晨專機飛伊甯，頃以該處情勢嚴重，飛機降落、起飛均無把握，爰暫作罷論。午後召於參謀長復談伊區匪患問題。晚間赴東花園與朱長官商量剿匪辦法，俱以匪徒如此猖狂，顯有國際背景。為免引起外交糾紛，從今晚起，特頒布伊甯區戒嚴令，由外交署照會伊甯蘇領館，請其通告伊甯附近蘇聯僑民集中領館，以防意外。並由余與朱長官將伊甯匪徒情形，聯名電陳總

裁。余與朱長官曰，蘇方支持伊甯匪徒，既經證實，其
進一步動向，或將進窺塔城。察其用意，實欲溝通阿
山，聯絡外蒙，俾期伸展其對東北四省之勢力，而為將
來與英、美角逐東亞之準備。朱長官深以為然。余又告
曰，目前國際間有二項可喜事實，一為羅斯福蟬聯總
統，可望美對太平洋戰爭必能貫澈到底，一即史達林在
蘇聯革命紀念日講詞中有日本乃侵略國一語，此乃蘇聯
外交路線最顯著之轉捩。

## 11 月 11 日　星期六

晨訪朱長官於東花園，據告伊犁匪徒勢力猖獗，政
府非從速加強兵力，殊不足以應付此局面。而此間一般
政治、經濟情況又感棘手，爰與朱長官聯名電陳總裁，
報告到新疆以來施政情形及其困難之點，並于外交及
軍事二事建議兩項，呈請鑒核（原電另錄于主新日記
中）。並與朱長官聯名陳報新疆剿匪報告一件，候便機
帶渝（原文另錄於主新日記中）。朱長官住所為東花
園，與余所居新大樓毗鄰，為求二人談話便捷及機密
計，今日特於雙方寢室間各裝設專線電話機一架，隨時
可通消息，藉減往返之勞。

## 11 月 12 日　星期日

今日為國父誕辰及本黨興中會成立五十週年紀念
日，全市一致懸旗誌慶。省黨部特於上午十時假保安司
令部西大樓舉行紀念大會，到各機關、法團、學校及各
區黨分部代表六百餘人。余任大會主席，領導行禮後，

報告國父生平及其一生均在奮鬥，並勗勉吾人今後應繼承國父遺志，怒力奉行黨之命令，以完成本黨偉大之使命。詞歷五十分鐘始畢，遂領導呼口號，奏樂後散會。十一時中央軍校第九分校副主任龔愚來晤，伊定明後搭機飛渝述職，余除囑其到渝後將新疆目前各方面情形詳細面陳總裁外，並修函一通，由渠持函謁見。原函如下：

總裁鈞鑒：

　　日昨與朱長官一民兄同上之函電各一件計達鈞覽，茲再將新疆問題所以造成之癥結，簡陳如下：

一、遠因

　　遠因有二，一為清代種下回漢爭殺之仇恨，迄今未能消除；一為民初楊增新收容之歸化俄人，及由俄逃來之哈薩克人，蘇聯每利用以為擾新工具，此為新疆現在與將來最大之隱憂。

二、近因

　　盛前主席能保存新疆為中國領土，固屬有功，但其外交、軍事、政治、經濟各端，無不陷于極嚴重之境地，而思想複雜亦為新疆當前難以澄清之問題。

　　至於處理辦法，前電業經陳及，即須調整莫斯科外交，或運用華盛頓外交以為之助。同時更以國家力量經營新疆，並以不增加新疆擔負之原則，充實中央各部門在新疆之工作，俾謀根本之掌握。若以新疆本省之力解決新疆問題，斷難有濟也。統上各節，除託由龔副主任口頭詳陳外，謹佈數行，尚乞垂察為幸。敬頌鈞安。

　　晚間在新大樓設宴招待審判團全體人員。晚九時朱

長官來訪，承告伊甯匪情，伊甯各據點尚在我手，專署
駐軍一連僅存二、三十人，猶屹立不退。聞此役被害漢
民甚多，現鞏哈援軍一營已開到，同時西開一營亦趕
往，中央將於明日由蘭撥機一隊飛新助陣。又據確悉伊
甯匪總指揮者係蘇籍，曾任盛氏之軍事顧問。朱長官對
清剿伊犁匪患頗具決心，有匪患不平，將無面目入玉門
之語，余亦曰，我亦無以對江東父老。今日廣播消息，
汪兆銘前在日本名古屋養病，於本月十日不治去世，死
年六十二歲，其遺骸已運抵南京云。

## 11 月 13 日　星期一

晨接見高伯玉、曹天爵兩人，余以阿山為北疆重
鎮，擬派高任該處行政專員，並囑曹即赴阿山一帶巡
視，俾可致力招撫哈匪工作。軍分校副主任龔愚定明晨
飛渝，晚間余特與談話，囑將本省近情詳為轉達中央。
晚七時半，余於新大樓召開座談會，到鄧、佘、許三廳
長，周、張兩委員，胡處長、於參謀長、曾秘書長等
八、九人。對當前新疆各問題均有論列，座談不拘形
式，殊合知無不言、言無不盡之要求。今晚談話問題
如後：
（1）新省專員遴選問題。
（2）北山東、西兩路各縣武裝民眾問題。
（3）統籌與加強運輸問題，擬成立運輸司令部，由班
　　　淦擔任司令一職，專責辦理車輛、駝馬之調整與
　　　統制。
茲將哈族部落組織、人口、分佈及阿山哈族騷亂之原因

與經過，分為四節如下：

一、哈族現有部落及其組織概況。

二、人口總數與分佈狀況。

三、阿山哈族騷亂之原因。

四、阿山哈族騷亂經過。

以上四節，余曾詳細記載，共有壹千五百餘言，另錄於
主新日記中。

## 11月14日　星期二

　　中央訓練團新疆分團第五期學員畢業典禮於今日上
午十時在該團大禮堂舉行，余以兼主任地位前往主持。
到畢業學員三百八十名，第五期婦女留迪學員八十三
人，及各機關首長代表五十餘人。典禮于奏樂聲中開
始，行禮後，余即頒發畢業證書，並致訓詞。勉畢業同
學抱定力行之工作態度，力行本黨主義。次講情、理、
法之精義，及互諒、互讓、互助處事之道理，更闡言宗
族平等、信教自由之理。末明示全體學員於返任工作
時，應愛護百姓、啟發民智，盼向各地民眾代致慰問之
忱。詞畢，由李建永、吾思滿兩生代表致答詞，遂於奏
樂聲中禮成，攝影。正午十二時與該團諸官長、講師共
進午餐，畢返寓。今日伊犁匪情，伊甯軍為兵力集中，
經將第四區守軍撤退至教導團及貴王廟兩據點，與敵仍
在相持中，飛機場無恙。現朱長官對匪患甚重視，決定
加以佈置迪化城防，以備萬一，並將留蘭之長官部參謀
人員召來迪化，協助策劃剿匪軍事。李總司令鐵軍亦於
今日到迪，共商大計。

## 11 月 15 日　星期三

　　晨李總司令鐵軍過訪,渠昨由哈密飛蒞迪化,主持伊犁剿匪事宜。承告駐新軍隊糧食為慮,請余急為籌措。余即囑鄧廳長等速商對策。據空軍方面消息,此次伊甯匪患,漢族同胞無辜被殺為數甚多,不甚痛恨。十時半美駐迪領事華瑞德偕美國大使館武官寇銳思來訪,華瑞德乃陳光甫兄之友,伊以新疆政事近以何者為最困難見詢。余直率告以蘇聯問題為難,蓋中蘇關係與中美不同,中美之間無論朝野,交往頻繁,感情親切,認識清楚,中蘇則不然,政府既不敢說話,人民亦少往還,殊為憾事。余來新主政,以和平公正之態度,謀地方與國境之安定而已。華曰主席之名國際間均知,主席此來,中蘇問題必有辦法也。余復談及中國民族性及日本民族性,暨其文化,彼此暢談一小時,伊猶不忍離去。十二時半接見迪化蘇領館葉代領事、吳副領事、顧副領事。余告曰中國抗戰開始,蘇聯首先援助中國政府,甚表感謝,中國政府以往對蘇或有不甚周到之處,若中蘇商約中,我方因戰時交通影響未克按時交貨等,是須請蘇聯政府曲予原諒。蘇領曰大戰以後,蘇聯對於中蘇兩國之願望,其惟有商務之暢通耳,余曰當然。余復曰,史達林委員長毅然解散第三國際,放棄世界革命,此種英明處置,值得世人欽佩。余對顧領返國表示惜別之意,伊云後會有期,眾皆大笑,始別。午後朱長官來談,對於剿匪已具決心,業經電令前方官兵奮攻毋懈。余曰吾人須將匪情及剿匪經過詳情報告總裁,朱甚以余言為然。據報迪化城南蘇領館、蘇聯醫院等處及其人

員，又歸化族人士，近有秘密活動。余召昆田、小魯商
談，擬即出布告檢查來往車輛，並對可疑之人及地點密
為戒備，倘有危險形跡，即將不良份子密加逮捕，亦所
不惜。此事當與有關方面會商後實施。

## 11 月 16 日　星期四

晨訪李總司令鐵軍，伊出示所擬剿匪計劃。今由迪
出動運輸機兩架，載麵粉一噸及子彈等，飛往伊甯接濟
守軍，並散發傳單，明令居民疏散，我機將前往轟炸云
云。午後劉局長漢東來請示，擬擴充省會警察員額，增
發槍枝，以加強警衛力量。傍晚鄧廳長偕張宏與來見，
張前任本省省銀行行長兼代財政廳長，被押多年，近始
獲釋。余擬以糧食管理委員會副主任兼秘書長畀張，張
表示感謝。據報匪情，匪徒現集匿西沙河子，甚少出
擊，駐軍現固守空教隊與飛機場，空教隊現收容四千餘
人云。晚得空軍總站電稱，擬于精河縣附近建築飛機場
一所，請省府令縣即調民工二千人，期于一星期內工作
完成，當即電令該縣照辦。印度專員梅農偕英國駐喀什
總領事支樂德於本日到迪，由省府招待下榻南花園。梅
此行視察印新一帶商務，伊自印啟程，經列城，越崑
崙山邊荒之境，過新省葉城而至喀什，與支總領事同
道乘車來迪，全程四十二日。余派曾秘書長代表往其
住所致候。

## 11 月 17 日　星期五

晨七時舉行省府委員會第七十一次會議，決議下列

三項重要措施：

（一）成立糧食管理委員會，派佘廳長、張宏與章裕
　　　為正、副主任委員，張兼任秘書長。

（二）成立宣撫委員會，派鄧廳長及艾林、乃孜爾、
　　　呂樂甫為正、副主任委員，胡廷偉為秘書處
　　　長，並於阿山、塔城、伊犁三處設立分會。

（三）依照中央所須各省物價管制委員會組織規程改
　　　組本省物價管制委員會，由本人兼主任委員，
　　　並派張宣澤為秘書長、彭吉元為物資組組長，
　　　張兼任金融組組長，佘凌雲為議價組組長、胡
　　　振國為經濟檢查組組長。

十一時半印度駐華專員梅農、駐喀什總領事支樂德偕英
國駐迪領事刁茹樂來府拜會。寒喧畢，梅表示此次來
新，承省府令飭沿途照料謝意，並希望將來新疆與印度
商務之加強。余答甚願，並曰余主新政不過月餘，諸事
尚未就緒，無善足述聊堪為諸君一言者。余主新政方
針，先求地方之安定，一俟基礎穩定，則經濟貿易及各
項建設當求逐步推進，並詳敘西藏與印度兩地氣候、土
壤、貧富迥不相同。梅農信奉印度教，余復與詳談哲學
及佛學、儒學，不外勸人為善，為社會人群造福，似無
分別畛域，並云吾人處世對人，如能以儒治國，以佛治
心，則無往而不利矣。談話歷一小時，梅等對余所云，
款款點首，頗表滿意焉。午後余參謀長、彭廳長先後來
會，於對保安司令部內部組織與人事有所報告，擬以章
裕任交通處長兼糧服處副處長，又被押得釋之副官處副
官宋守中復任原職。

## 11月18日　星期六

　　晨八時警務處胡處長陪同待釋之乃孜爾、呂樂甫兩人至新大樓見面。昨省府常會決議派乃、呂二氏為宣撫委員會副主任委員，今在新大樓親為保釋，意義尤屬深長。余加以勉勵，伊等表示謝忱，並允效忠政府。十時先後往南花園及美領館答拜日前到迪之梅專員、支總領事及美國駐迪領事華瑞德，敘談均快。前新疆省黨部書記長兼教育廳長黃如今、建設廳長林繼庸、督辦公署參謀處處長張篤銑、防空司令部參謀長尹洪芳、交通處長周明先後被捕入獄。今接五人聯名函，詞意均美，特錄於後：

主席鈞鑒：

　　待罪等含冤久羈，度日如年，前蒙鈞座派員慰問，祇得暫安圄圖，以待審訊，內心怨憤，筆難盡述。現審判團蒞新，有日審訊，各項手續均已遵辦，懇迅賜恢復自由。蓋一則黨國大法所關，二則人民觀瞻所繫，不僅待罪等刑餘體弱，急待調攝已也。迫切陳詞，諸祈鑒諒。敬叩崇安。

　　午後朱長官來，出示總裁來電。略以北疆各代理專員，應轉告禮卿兄電呈即可照派，伊甯事一面應盡力集中兵力，期早敉平，一面仍須就近與俄領聯絡，期其不妨礙我計劃，現擬派亞洲司長卜道明來迪協助，請以此意轉告禮卿兄等因。總裁重視新省匪患，由此可見，余乃一面電復總裁報告令派各區專員情形，一面電卜司長，表示歡迎來迪。晚奉總裁電，擬將蒙藏委員會代理委員長羅佶子除真，電詢意見，經即復電表示贊同（來

往電另錄主新日記中）。

## 11 月 19 日　星期日

　　焉耆蒙旗同胞代表曲力木、馬進兩喇嘛及各堪布、各民眾首領等七十餘人，近由焉耆來迪向余致敬，並慰問焉耆蒙族領袖漢王滿楚扎克布。余於上午接見全體代表，伊等贈余哈達、狐皮、駿馬，並由兩喇嘛先後致詞。略以吳主席主新乃全疆各族同胞之福，新疆蒙族表示擁戴，而在獄多年之漢王已蒙主席釋放，焉耆蒙民歡聲電動，均願效忠黨國，為建設新疆而努力。余致訓詞，首敘此番主新政厥為安定地方、保護人民。繼將留居內地之蒙古、西藏佛教首領近況一一告示，復說明中樞暨蔣委員長對邊疆各族同胞關切之深，可謂無以復加。最後囑各代返里後，向全體蒙胞代達本人問候之忱，並望蒙古同胞與他族人民和平相處。午後召見前焉耆區副專員楊德克，楊係漢王姪女婿，乃王府親信之人。余詳詢在新蒙族情形，談話歷兩小時，臨行囑其伴隨滿漢王來新大樓相見。本月十三日余致電伊甯守軍將士，備致鼓勵之忱，昨得復電，表示當與伊犁共存亡。原電錄下：

吳主席：

　　戍元電奉悉，過承獎掖，慚愧無已。職等守土有責，當與伊犁共存亡。

　　　　職曹日靈、彭俊業、姜宣銓暨全體官兵戍巧叩
　　糧服處副處長徐登瀛、運輸大隊長徐國恩前奉派赴伊犁催運軍糧、軍服到伊後，適值事變猝起，未及退

出，遂協助駐軍從事防禦工作。頃得兩人本月十八日快
郵代電，對事變經過及守軍作戰之艱苦、犧牲之壯烈、
人民遭難之慘痛，敘述甚詳。文長約兩千餘字，已另錄
於主新日記中。

## 11 月 20 日　星期一

晨蒙文總會副主任委員夏克加來見，報告該會工作
甚詳。查新疆宗族計有十四，各族所組織之文化促進會
計有九種，各文化促進會附設俱樂部及小學，協助政府
辦理各族文化教育事務。成立文化促進會于省垣迪化，
為各文化促進會之最高機關，並擇地設立分會。至於各
族文化促進會，亦擇地而設分會也。晨十時派員驅車往
漢城西七道巷漢王府，迎接漢王滿楚克扎布。因中途街
衢泥濘，車難行，至下午三時，漢王始至新大樓。同來
者有其福晉烏靜彬，其姐夫人、姐夫殷英及楊德克等，
由烏任翻譯。漢王年甫卅，民國十九年娶烏為室，生子
女各一。漢王於廿六年被押，計時八載，妻兒不能相
見，亦云慘矣。余因精神失常，特加以安慰，伊辭出，
余諄諄告曰，望寬心養病，願常相會，並派員車送回
府。余與朱長官為各盟邦外交人士蒞止或將離迪之際，
特表示歡迎、歡送之忱，於本日下午六時假座西大樓禮
堂備宴招待，所請者計有梅農、支樂德、華瑞德、寇瑞
恩、顧德夫、吳爾馬索夫，並邀刁總領事、葉代總領
事、康副總領事、吳特派員、李總司令、羅司令暨本市
黨政軍各機關首長作陪。賓主六十餘人，軍樂悠揚，濟
濟蹌蹌，極一時之盛。席間余起致詞畢，由梅專員起致

答詞（致答詞已另錄於主新日記中），賓主談笑間佐以
軍樂，空氣熱烈而和諧，九時許盡歡而散。夜得重慶廣
播消息，今上午中樞召開中央臨時常會及國防最高委員
會，經分別決議選任周鐘嶽、宋子文為國府委員，周並
為考試院副院長，陳立夫長組織部，王世杰長宣傳部，
梁寒操長海外部，張厲生長內政部，陳誠長軍政部，俞
鴻鈞長財政部，朱家驊長教育部。

## 11 月 21 日　星期二

晨十時約見安文惠，安將赴前方協助剿撫工作，與
談北疆、阿山、伊犁、塔城各區蒙族分佈情況。查阿山
蒙族大部為烏梁海部落，分居承化（承化寺）、富蘊
（阿可可托海）、青河（青格里河）、福海（布倫托
海）等縣，總數不過二、三千人。伊犁方面，舊日伊犁
將軍以下分為四愛蔓：曰額魯特、曰察哈爾、曰錫伯、
曰索倫，曰愛蔓即戍兵四大營之意。錫伯、索倫實係滿
族一部，現錫伯營已改為河南縣，索倫營一半歸綏定，
一半歸霍爾果斯，額魯特、察哈爾兩愛蔓則為蒙族之一
部。後兩愛蔓有漸北移者，今塔城額敏蒙族十個蘇木
（蘇木即游牧之一部份，設千戶長轄之）即由額魯特九
個蘇木、察哈爾一個蘇木遷徙而成。其組織系統於千戶
長外設有總管一員、副管一員，以下立百戶長、十戶
長，均不歸盟旗管轄。至於今之特克斯，亦即舊日察哈
爾游牧也。余將新疆盟部旗現狀，計三盟二十三旗，分
條詳載於主新日記中。

## 11月22日　星期三

　　晨十時印度梅農專員偕支總領事、刁領事等至新大樓晤談。梅表示余日前招待情摯之意，並云余迭次談話，均治國平世最深刻卓越之道，聆後獲益匪淺，因即須赴渝，特來辭行。而支總領事對於本省政治揭出意見數點：

其一、本省稅捐繁重，保甲長態度傲慢，徵收弊多，
　　　人民苦之。

其二、新省各地專員、縣長雖不乏幹練之士，奈不通
　　　各族語言，不明當地實情，影響施政，與民心
　　　匪鮮。

揆支所談賦稅繁重、人選不宜，是非曲直姑且不論，惟所稱各節已越出外交官員口吻。余為敦睦邦交起見，遂附和曰，余來新不久，對于支總領事所云各點，表示衷心接受，並擬徐圖改善。旋又暢談貿易及外交，暨中國與英印間各種問題，共歷二小時，始握手道別。財政廳彭廳長今再呈請辭去本兼各職，詞意懇切，辭志堅決，有「如其貽誤將來，曷若請辭於此日」之語，余當即轉陳總裁請示。新疆與蘇聯毗鄰，新疆問題動輒與蘇聯有關，自省府改組以來，蘇方觀瞻自有更變，惟欲新蘇關係加強開朗，猶賴雙方之赤誠與努力。茲見傅大使秉常自莫斯科先後致吳特派員兩電，略謂現據蘇遠東司長云，已往在新所發生不愉快事件，其中有因地方當局對蘇各領館所持態度而致者，此後須以實事方能證明，故現對駐新各領作一新指示，尚過早也。蘇外交部云，阿山蘇領館婦人被毆事件，可以證明阿山當局態度仍舊未

改善也。余於廿六日致電傅大使，申明本人此番主新，當以親仁睦鄰宗旨，與蘇聯結取新感。余又電宋院長，請其促劉特派員早日來新。

## 11 月 23 日　星期四

　　焉耆蒙族代表七十餘人到迪多日，日前余已接見。今復在新大樓設宴招待，並邀在省蒙族領袖參加，復約省府各廳委及最近奉召來省之九位縣長作陪。入席後，余先介紹蒙族領袖及代表等與省府各廳委暨縣長相見，隨而致詞，對蒙族同胞之過去歷史、現在分佈狀況，以及中央對邊疆同胞之愛護與關切，詳為敘述，蒙胞聆言，咸顯鼓舞之色，情緒熱烈，殊為罕見。席終，各人相繼離去，惟留九位縣長譚話，聽取報告各該縣施政情形。關于各縣糧儲及武力準備，余深示關心之意，伊等均表示須充實自衛力量，爰擬定酌發各縣槍彈，藉以加強自衛。晚據於參謀長見告，伊甯教導隊駐地及貴王廟、飛機場三處據點尚在我軍手中。余諄諄告曰，無論如何，伊甯必須收復，又北疆各重鎮，必須加強兵力。目前新省軍力不敷分配，可速從甘肅、河西方面抽調一部入新固邊。至於河西軍力減少，余可保無問題，因青海馬主席決可予我協助，託於將此意轉陳朱長官。並談余已年邁，祇希望匪亂肅清，民生安定，於願足矣。迨抗戰結束後，關於邊疆鐵道之建設大計，余當向中央貢獻意見。

## 11月24日　星期五

　　審判團主任余廷襄來見，伊開始清理積案多日，甚感棘手。原新省在過去被捕人員過多，而案情亦甚複雜，軍委會前派中統局徐局長可均來新研究案情，已有初步明瞭。嗣軍委會為便利起見，遂令軍法監部組織特派新疆清理特種刑事積案審判團，並立原則六條為工作進行之準的：

一、不影響盛前督辦之信譽。

二、使能安定人心。

三、不貽共黨以口實。

四、避免使後任為難。

五、勿引起國際注意。

六、使被捕各員得早日解除痛苦。

故余主任等辦理此案不易也，余備致慰勉，謂君等此來為地方辦事，地方當局應該從旁幫助，切勿顧慮。十時舉行省府第七十二次委員會議，決議議案多起。重要議案為組織各縣壯丁隊，加強民眾自衛力量一案，余主張將各縣原有之保安團組織整頓利用，由各縣長主其事，以壯丁多寡編成若干隊，省府撥發槍彈，嚴格訓練。新任伊犁區行政督察專員左曙平定明日隨李師長禹祥等乘車赴任，余召其來省府，面告以赴伊應行注意之點，並囑其與地方當局和善相處。李師長來見，余以其明日西行主持剿匪事宜，余言明其此行意義之重大。李係黃埔一期學生，左乃第五期學生，曾受李之教育，兩人均湘籍，伊等同行到伊後，軍政必能和偕也。下午四時胡處長偕在押之紀元章大阿洪來見，余親為保釋，並加勉

勵。晚奉總裁電囑從早派定北疆各行政區專員。查伊甯
區已派定左曙萍，阿山區已派定高伯玉充任，並即前往
履任。至於塔城區，余擬派平戎充任，平已允即行前往
就職。近日迪垣謠言紛紜，人心不安，南關、南樑一帶
為歸化族人民眾聚居之所，迭報渠等行動可疑，業經密
為注意。為安定人心起見，昨舉行南關、南樑一帶戶口
清查，自夜間一時開始，今晨查竣，計獲漏報戶口或無
公民證及違警嫌疑者二百六十餘人，現已帶局研究中。
今接朱長官電話，謂蘇聯葉代總領事來訪，提出數項問
題：一、謂領館人員夜間買不到東西；二、謂領館四週
經常有警方人士巡視；三、謂蘇方在烏蘇方面設有電台
一處，近亦受軍警監視。朱逐一答復，云係保護性質，
葉表示擬日內請朱往領館一行，朱答願往。

## 11 月 25 日　星期六

　　昨、今均大雪。晨維族大阿洪乃孜爾來謁，面呈喀
什及迪化數十維族領袖聯名函三件，請釋被押多年之喀
什維領阿不多克力木漢買合都木，准其返籍。查阿某年
已七十餘，曾一度赴蘇，在喀因蘇方支持，歷任該縣代
縣長及代專員，五年前為盛前督辦調省監視，其子為留
蘇學生，今春亦為盛氏扣押喀什獄中。今擬解除阿某之
監視，惟渠年老病多，天寒長途，返喀似非所宜。

## 11 月 26 日　星期日

　　今仍大雪。焉耆蒙族代表旗■喇嘛曲力木、頭目代
表桑格吉、民眾代表殷英等三人來見。余詢焉耆地方情

形，據稱城箱不大，城外商業甚盛，全區喇嘛廟共二十
餘所，其最大一所則在北方山中，廟有四十餘年之歷
史，第四輩冬木魯嘉木錯活佛居焉。又稱焉耆土地肥
沃、樹木茂盛，農牧均宜。余詢第四輩活佛近況，答現
年十四歲，轉世於烏蘇農家，今在和靖縣北山中大廟習
經。余指示六項：

一、蒙族佛教昌盛，崇尚和平，蒙族可調和各族宗教，
　　本佛教戒殺、戒盜、戒淫之美德來轉移新省此類之
　　頹風。

二、新疆蒙族今以焉耆較為完整，應力謀振興，振興之
　　道首在年輕者不當喇嘛，以繁生殖。

三、發展農業牧畜，喇嘛亦須從事生產。

四、望曲力木喇嘛發揚佛教，又習經非徒口唸，而尤須
　　精究佛法真理。

五、成吉思汗統治中原後英名遠播，果能使蒙族與漢族
　　血統互相混合，則蒙族文化或不止此。

六、三民主義信仰自由，對于全國人民無分宗教，蒙族
　　以固有佛教之薰陶，再得三民主義之灌輸，吾為焉
　　耆蒙族慶。

各代表旋出陳文一件，請求之事計十有二項，蓋多為盛
前督辦時期沒收彼等財產及焉耆廟宇，請早日發還，及
請改革稅收辦法、補助小學經費、請頒明令尊重喇嘛等
事。余向諸人表示，所請只須合乎法理，又為政府力所
能及，均可照辦，囑伊等早回焉耆，即以磁佛一尊交曲
力木，轉送冬木魯嘉木錯小活佛，祝其長壽無疆也。午
後赴朱長官處，晤談余近就軍政、外交、政治、經濟等

方面環境，主張劃新疆為四省，省名或即以方位名之曰
安西、崑崙、山南、山北，復於哈密或吐魯番設一軍事
長官統理四省軍事。朱長官鼓掌稱善。今奉總裁電示以
新省財政廳一職，因關吉玉在部有要務，不能赴新，擬
派高惜冰充任等因。余復電贊同，並盼速來。關於新省
各區專員調整一事，今電陳總裁。

## 11 月 27 日　星期一

　　今為回教庫爾班節，本市各族回胞熱烈慶祝。晨九
時胡處長偕喀什維領阿不都克力木漢買合都木來見。余
向阿切致慰問，並宣佈從今即解除對其監視，將來可以
返喀，伊向余跪謝，當囑胡陪其至南關大寺參加禮拜。
十時余亦驅車至該寺禮拜，旋又赴陝西寺禮拜。余向真
主行禮後，即向眾致詞，略以今日為回教庫爾班節，余
得到此參拜，引以為快，政府對各族宗教決心保護，並
力促其發展，望諸阿洪教胞多多誦經祈禱，並願各位平
安康健。眾偕樂極鼓掌。余又曰漢回之間，除宗教信仰
外，並無不同之處，考之史乘，中國境內各宗教同屬一
祖，其祖先均來自崑崙山，最早實為一個血統，無分彼
此。希望各位將眼光放遠，一切以國家為重，共謀中華
民族之發展。詞畢掌聲四起，返時已十一時矣。今省會
各機關首長亦親往各回教首長家中，及各族文化總會致
賀。維文總會與哈柯文化總會等在節假之日之晚間，均
分別舉行跳舞、演戲等節目，以示慶祝。查庫爾班節
亦稱朝覲節或宰羊節，源出回教聖祖伊布拉西木順天
宰子之事事蹟。此種事蹟，余據傳說，已另詳載於主

新日記中。

## 11月28日　星期二

　　和闐回部鎮國公扎鴻恩背鄉十一載，歷任營長、省銀行襄理等職，現並任迪化維族文化促進總會主任委員。前省府不准其回和闐，現仍請回，余允之，並為飭僱車輛。扎定卅日啟程，余以扎在維族中頗有地位，為人識大體，爰聘為省府顧問，並贈旅費貳萬元、茶磚四塊。今特召與談話，告以三民主義決定保護人民，協助宗教之發展，至於共產主義則相反，乃全新人民之大患。南疆諸地維族特多，信奉伊斯蘭教尤深，如僅依賴伊斯蘭教之力，實不足抵抗共產主義之狂瀾，惟有補以三民主義之力量，庶幾可矣，希將此意轉達南疆各地同胞。扎感余言，表示願供驅策。余又告曰哈薩克人民秉性慓悍，向以劫掠為生，乃全新各族中最難治之一族，其惡勢力如一旦進入南疆，南疆將永無安寧之日。扎甚以為然。談話歷二小時，臨行托帶余到新後歷次訓詞小冊，名曰「吳主席訓詞」（漢文、維文合訂本），沿途發散，乘便將致南疆各區專員、縣長、局長函，請其一一面遞（致專員函三件、縣長函三十五件、局長函二件及扎鴻恩簡歷，余已另錄於主新日記中）。晚間與朱長官通電話，承告在伊甯中蘇機場之無線電台，我原有兵二排，現為叛匪攻佔。該地距我機場甚近，其六吋口徑鋼炮射程可及，故今後飛機不能在該機場降落。至我援軍因沿途公路積雪，運輸車輛毀損甚多，現正等待精河集中部署，再行總攻。登路斯口方面，我軍遭遇匪軍

阻擊等情，可見匪方實力增加，匪勢日趨坐大，殊可慮也。余得迪化維族同胞維文八十餘人之聯名函一件，蓋對昨日余親抵南關大寺參拜，及解放阿不都克力木買合都木表示感悅之意也（函有八十餘人簽名蓋章）。

## 11 月 29 日　星期三

近日氣候驟寒，室外溫度常在零度下三十度。晨十時維文總會主委札鴻恩偕該會秘書阿穆拉義、會計色以瓦的來見。阿、色兩君年均三十許，明隨札離迪，協助視察南疆各縣分會教育及會計情形。余囑兩君竭力襄贊札主任委員，並須勤懇向學，將來如有機會，可赴內地觀光。下午先後與向副師長鴻鈞，及蒙藏政治訓練班第一期畢業同學馬寧邦、蔡儒祖等敘談。向湖南人，原任西北交通警備總隊少將副總隊長兼政治部主任，對新疆匪亂意見，稱政府一面鎮撫，一面又須確實保護，二者相輔而行，始有逐步安定之望。馬寧邦川籍，在新疆任職多年，擬派其任和豐縣縣長，伊始有畏難不去之意，經余勉勖，遂感悟遵命。

## 11 月 30 日　星期四

午後二時，印度駐華專員梅農偕喀什英總領事支樂德及迪化英領事刁茹樂來訪。梅日內啟行赴渝，特來道謝余前日之招待，並辭行。梅去後，旋派人餽余禮品，梅贈印產織金白沙及花緞各一段，支贈西餐用具一套。今閒與外交署水秘書譚國際大勢，同感中美之間齟齬亦多，蘇聯崇尚物質，一切以利害為前提，故在蘇聯領袖

中，對中國實未足掛齒，中蘇關係之開展甚為必要。四
時許，胡處長偕艾林郡王夫婦來謁。艾年五十，阿山哈
族領袖，王府在吉木乃，二十九年被押，妻年亦五十，
被押。近甫開釋，並任艾為宣撫委員會副主任委員，今
來謝開釋之恩，並稱在新哈民前本安居無事，旋因政府
濫捕哈領袖，復經少數不良份子煽動脅迫，致啟猖獗。
余等在獄未聞匪亂，釋後始悉，並云擬返吉木乃一行，
今後當遵從政府命令，隨時開導亂眾歸正。余爰述主新
最大希望為安民，對於被裹脅之民眾，願其早返游牧，
政府應負保護之責，即主亂之人，倘能幡然覺悟前非，
政府亦可不咎既往，否則必予撻伐，決不姑息。余又告
曰三民主義與國民黨決定保護各族人民，尊重地方領
袖，為社會同胞謀福利。艾曰三民主義是全國一致擁護
之主義，哈族人民中華民族之一部份，哈民聚居之地亦
中國國土之一部，我人只有擁護國民政府，始能安居樂
業，今吳主席來主新政，人民對於政府之德意已日趨明
白。談話歷一小時，臨行時，艾之夫人云今後當協助艾
林，在吳主席指導下為政府效力，惟被逮哈族領袖多數
被害，僅餘艾林郡王一人，誠恐力量有限。余婉予勉
勖，始行。昨奉總裁電示，高惜冰同志因病不能來新，
已另行物色中。余鑑於此間經濟奇窘，物價高漲，財政
措施亟應改善，廳長人選不能再事延宕，故即電復請迅
發表，以赴時機。原電中略云「繼任財政廳長人選，祇
須鈞座認為識驗、品德均屬適宜，即祈提出發表，不必
詢信意見，以期迅速，無任感禱」之語。

## 12 月 1 日　星期五

　　晨十時舉行省府委員會第七十三次常會，決議要案數項：

一、擬訂對內地來新服務技術人員待遇辦法。

二、撥款七百五十八萬四千元，由教育廳計劃第一批翻印部頒新課本。

三、擬具各縣自衛團組訓綱要。

午後中央銀行迪化分行經理馬彥章來晤，與談新疆一般財政經濟問題，歷二小時之久。余首述目前中央在新機關愈多，則新省負擔愈重，僅就衣、食、住來說，已屬不貲，矧中央在新各機關又多以營利賺錢著眼，其結果足使地方有不勝負荷之感。現本省物資奇缺，在國際商業路線未暢通前，端賴國內各地物品之輸入。新省現存黃金及土產公司各地存貨約共值新幣十萬萬元以上，倘中樞高瞻遠矚，將此等地方財產予以接收，而以大量法幣交換，則本省經濟可穩定於一時。馬甚以余之意見為是。余宴請最近開釋之林繼庸、黃如今、顧耕野、林伯雅、童世荃、張志智等六人，並邀昆田、少魯、紹先等作陪。林等近甫出獄，興奮之情溢於言表，描繪獄中生活，可歌可泣，歷歷如在目前。並云稍事休養，即行返渝，請為設法交通工具，余慨允盡力。上月省府委員會議決定成立糧食管理委員會、宣撫委員會，並改組物價管制委員會，現三種組織及人選均已辦定。各委員姓名及該三會辦法，余已另錄於主新日記中。晚十時許，將入寢，突聞火警。據報省府秘書處失火，正由消防隊撲救，至夜分時完全平熄。失火原因係大毛爐年久失修，

致有破孔，煤火下洩，流燃地板夾縫，故灌救較為困難。幸發覺尚早，不然則不堪設想矣。

## 12月2日　星期六

　　前焉耆區副專員楊德克日內返籍，今晨蒞新大樓辭行。余贈其旅費新幣乙萬元，告以蒙族同胞振興教育、衛生，及畜牧、農耕之重要性，囑轉告焉耆蒙民注意。午後一時，在新大樓以手抓飯宴請哈族同胞之領袖艾林郡王及其福晉哈德萬，暨庫克乃台吉、塔太代理台吉等五十餘人，並邀請省府各廳處首長作陪。席間首由余致詞，對各宗族源出一祖之歷史事實，及伊斯蘭教重視和平之教義，與夫各宗族團結之必要闡述至詳。余目擊在座數十哈族同胞，其髮膚眼鼻均與我漢族同胞相同，遂謂曰諸位哈族同胞，請諦視旁座各廳處首長，渠等頭髮、面貌與汝輩有無不同。眾人相顧而視，繼之哄堂大笑，均曰相同。此足證哈、漢各宗族同出一源，無庸置辯矣。余末並勗以領導哈族同胞，致力於增進全疆各族幸福之工作。詞畢，由艾林郡王致答詞，對余所述各節極表贊同，承認哈、漢各宗族同出一源之真理，極願在余領導下，以完成其擁護政府之任務，並確信所有哈族同胞均懷有此意念云云。至三時許，賓主始盡歡而散。余講詞大意，已另錄於主新日記中。新疆監察使羅家倫與外交部亞洲司司長卜道明同於今午後抵迪，晚間聯袂來會，相與歡譚國際大勢及國內軍事、政治、外交各方面近情，樂而忘倦，直至午夜始握別。倍子兄之長公子志枚，今同羅使乘機到迪，住新大樓，將為此間整理各

招待處事宜。

## 12 月 3 日　星期日

　　卜道明司長昨轉來總裁親筆函二件，一係致余與朱長官者，一則單獨致余者。致余及朱長官函指示外交塗徑暨軍事方略，致余之函係言新省財政、經濟已令各主管部積極籌備，總勿使新疆增加負擔，軍費一切自應由中央擔負，至於財政廳長人選，擬改派高惜冰繼任，詢余意見如何。晨十時訪朱長官，出示總裁函，共同研究指示各點，並聯名復陳總裁一電。略謂奉頒手諭，謹當遵照訓示各點辦理，關於明年軍費奉准由中央負擔，至深感仰，概算另呈（總裁函及復電均已另錄於主新日記中）。午後二時與卜道明談論中蘇外交問題頗為詳盡，余對卜備致勉勗，期有所成就。旋羅監察使家倫亦至，乃招與共進晚餐，暢談至歡。

## 12 月 4 日　星期一

　　今晨申兒、文姪搭運輸機飛蘭，余特早起視梅農專員，伊亦於今晨飛蘭轉渝返任，余派曾秘書長代表前往機場送行。午後二時與一二八師參謀長韓佐香、暫三師參謀長孫鵬飛，及一二八師三四八團團長謝煒致談話。余以三人年齡均三十左右，同屬東北籍，且咸留新多年，對新省地形及軍事要點相當熟悉，與之相談，倍感愉快。韓近從哈拉木墩返迪，謝於上月由富蘊抵省，孫則甫由獄中出來。渠等部隊均駐北疆邊緣一帶，計一團又六營，據談阿山一帶邊地一片荒漠，除哈蒙匪徒及被

裹脅之民眾出沒外，已無居民，匪眾及其所掠牛羊、財
物均集中青河，現阿山全區武裝匪徒約近萬人，僅零星
竄擾，尚無大股出擊。余告以阿山在國防上之重要性，
如阿山有故，則整個北疆將不安寧，北疆之安危又足影
響整個西北。蓋中國國防所在地，西北為阿爾泰山，西
南為喜馬拉雅山，我能撐握此兩山，然後金湯始固。余
以至誠勉勵韓等。四時許，阿山高專員伯玉偕阿山區公
安局長李鴻運來晤。余介與韓參謀長等三人相見，勉其
軍政聯繫，藉增安定地方之力。晚間與昆田、小魯談
話，僉認目前新省問題厥為匪患與經濟兩端，而迪垣附
近各縣治安之確保與糧食運輸之加強，尤屬急務。邇來
新省運輸車輛全撥軍運，綏、昌、呼、乾、阜、奇、木
各縣匪訊不絕，交通線不能確保安全，糧運阻滯。吾人
于役此間，深感職責綦重，顧中樞各部人員多視若無
睹，袖手旁觀，各項困難，本年底如不能一一解除，則
春來雪解，益將不堪設想。余以職責所在，難安緘默，
除奮起向國人呼籲外，別無他途。

## 12月5日　星期二

　　省府十二月份擴大紀念週暨肇和兵艦起義第二十九
週年紀念大會，於今日上午在西大樓合併舉行，共到
五百餘人。余任大會主席，領導行禮後，即席報告肇和
起義之意義及經過，歷一時許始畢。最後余附帶申述兩
事：其一省會治安無虞，居民勿輕信謠言，一為迪化糧
食政府必竭力籌措，猶望各界人士協助政府，共圖解
決。十一時半，英國駐迪化領事刁茹樂於領館便餐招待

支總領事及余二人，談國際大勢及中英關係，情緒甚為
融洽。午後三時始返（余與支所談歷三小時，詳情已另
記於主新日記中，計四千餘字）。五時許，阜康縣長胡
沙音偕警務處譯阿守仁來見，余囑胡隨時協助政府安
定地方，宣達政府保護人民，愛護宗教之至意。又因胡
與阿山匪首領窩斯滿熟諳，爰告本人，對於善良哈民之
流離失所，深為憐憫，如叛匪能改過自新，政府決不罪
既往。阿守仁前充吐魯番縣長及督署軍校副處長，曾代
盛前督辦宣撫南疆人民，及與胡茄尼牙孜談判和平，煊
赫一時，廿五年亦遭捕押，近始獲釋，表示願供驅策。
今日卜司長道明首次訪問葉代總領事，卜曾探詢蘇方對
伊甯事變之看法，及新蘇關係之意見，葉特表示新蘇一
般關係有待改進者尚多，而須以對迪領館人員及僑民待
遇為出發點。晚間卜抵新大樓詳細報告談話經過，余謂
政府對領館人員及僑民並無不利行為，萬一如此，余深
表歉意。將來蘇領館政治事宜由外交署辦理，生活事宜
責成警務處予以方便，並可介紹警務處胡處長與蘇領晤
談。余認為中蘇外交談判在重慶與莫斯科，如整個中蘇
外交不能好轉，而新蘇外交關係亦決無明朗希望。目前
湘桂戰事失利，蘇方重視利害，必然故意漠視我國。總
之新疆問題足以影響整個中國，新疆問題之得解決，非
利用國家力量不可，奈中樞各部長官不明此中道理，令
人有不勝心力交絀之感（卜司長前在渝，曾與蘇商務代
表巴固林商談新蘇商務，現始將所談經過情形電陳總
裁。又卜今與葉總領事談話紀要，余均已另錄於主新日
記中矣）。

## 12月6日　星期三

　　昨與朱長官聯名電請總裁以鉅額鈔券及茶、糖、布
疋運新接濟，並大量補充車輛、汽油，以期挽救危機。
原電另錄主新日記中。晨十時，招佘廳長凌雲、張委員
宣澤、班總監淦、侯參謀長聲、曾主任問吾、王處長
珏、徐城防司令達等七人討論物價及糧食問題。先聽取
報告伊犁匪情，目前伊甯我軍各據點尚稱穩靜，我正利
用精河新建機場，以飛機輸送彈藥。我前方給養暫時亦
無問題，精河存麵粉不少，可製餅運濟。繼聽張委員報
告物價管委會籌備經過，強調運輸工具與沿途治安確保
之重要，擬抽調一部分車輛供運物資，並獎勵人民運
輸。末聽佘廳長報告糧食管理情形及補救方法，中央軍
在新者共有三萬六千餘人，每月共需糧三萬擔之譜，以
新省實際情形，實無力負擔，其不足之數，勢須從甘肅
運補，昔左文襄公平新亂，依賴南、北、中三條糧道，
可資借鑑。又據王處長稱，運新難童車輛上月念三在猩
猩峽附近遇匪，死難童四人，余旋電詢真情，談至十一
時始散。下午胡處長率領最近開釋之南疆維族同胞十四
人來見，余以茶點招待。余告以現在政府是保護人民生
命財產，愛護宗教信仰自由，諸人感動涕泣，起立致
謝。嗣有馮冠儒來見，馮稱在獄二年，備受笞楚，體無
完膚，並受電形，死去復生，今蒙開釋，重見天日，稱
謝而別。卜司長來云今已與蘇領晤談，並經轉述本人道
歉之意，蘇領甚為滿意。余乃告卜曰，中蘇問題因蘇方
不明瞭中國，故僵局未能打開，其實中蘇間無多少問題
存在。余並囑卜可以渠私人立場告蘇領，倘有何意見，

可率直向余提出焉。八時召各廳委處長等開座談會，討論運新難童、難民事，決定難童移迪化，難民移吐魯番，惟須先詢明吐魯番情形再辦。今報載日前相小磯頃向全國廣播「戰局更嚴重，我方之物力條件距離確有把握之程度尚遠，故不容樂觀。」足見日本人氣勢已疲，無往日不可一世之概矣。又據廣播消息，蔣主席已辭行政院院長兼職，由宋子文出而代理。

## 12月7日　星期四

晨李總司令鐵軍來告，我方現準備以七生的口徑大砲運送前方應用。至於政治方面，李則認為地方行政專員亟須更調，余主張更換專員，宜先遠後近，方免遠地專員惴惴不安，李頗為然。李認為宜即恢復舊有之千戶、百戶制度，使其就近協助政府治理民務，必有裨益，此與余意相合。余聘請劉前主席文龍為省府高等顧問，特派沈秘書往致慰問，並送聘書，劉表示感謝，願以殘軀供獻政府。前任省府秘書長、現任宣撫委員會委員桂芬來謁。桂精於國學，曾為盛捕押多年，子三次入獄，死於獄中，遺有妻、媳、孫兒女等五人，家境頗貧。其論盛曰，盛出身寒微，替得高位，心懷猜疑，惟恐他人起而代之。又以附俄，故將地方領袖及智識份子濫加捕殺，以杜後患，今日倘盛尚在，河山恐將變色。余感桂年高學優，備致欽佩之意，長談歷二小時，桂始興辭而退。晚間卜司長來訪，渠今午後再度與蘇領談話。蘇領絮絮陳述各地領館人員被辱之事實，卜答曰吾方所獲關於蘇領館情報亦不勝枚舉，新蘇關係之改善，

若雙方誠意，非無希望，卜並以私人立場願聽蘇方對新企求，道願通貿易之意。蘇領答稱新蘇恢復通商，固亦所願，惟此事癥結所在，一翻閱過去土產公司歷史即可明矣。卜與余敘譚時，狀頗滿意，余亦感覺新蘇外交之好轉，猶有一線曙光（卜司長與蘇聯葉代總領事談話紀要，余已另錄主新日記中）。

## 12月8日　星期五

晨十時舉行省府委員第七十四次會議，報告及討論事項數則：

（一）本省前電請免徵知識青年從軍，現奉委座電示，應予照辦。

（二）擬具省會及各縣各學校學生膳食補助辦法。

（三）訂定發動糧商販運糧食來迪銷售辦法。

余自備西餐數份，午時攜赴南花園，與英國支總領事共餐，並邀外交部水秘書及志枚、兆麟，暨刁領事、曲秘書等參加。支留迪旬日，均由省府招待食宿，伊甚感謝，並謂迭次得聆宏論，欽佩莫名，誠願易支樂德為支學吳，以示學習余之學問、道德之意。支又曰，我不如刁領事之幸運，因刁與主席共居一地，可隨時請益也。一座皆大笑，三時許，始辭別而返。劉效藜先生來見，劉曾任前省府秘書長，為盛督辦逮押，備受苦刑，近始開釋。劉曰盛於廿年決心聯俄，二十七年偕其婦邱毓芳飛蘇，與史達林訂立密約，實行共產於新省，以三年為準備時期。盛返新後，乃致力捕殺各族領袖及知識份子。盛與其弟世駿之妻陳氏有染，世駿留學蘇聯返新，

由盛之岳丈邱宗濬如夫人處得悉盛陳私事，銜恨在心。
三十一年，盛在西大樓召開秘密會議，擬實行共產主
義，世駿大聲反對，兄弟之間衝突遂起。世駿槍擊其
兄，傷肩，世才衛士反擊，死駿，世才乃急裹屍密送世
駿家中，殺陳氏及邱之如夫人以滅口。因感聯共不合時
宜，讒陳氏共黨殺夫之罪，有意造成共黨大陰謀暴動，
電陳總裁，易幟擁護中央。是年秋，蔣夫人、朱長官及
余等飛迪，其源即在此。劉效藜末謂，盛在新十餘年，
新省精華摧殘殆盡，財物黃金什九已為蘇所有，不甚唏
噓。午後魯效祖來會，魯乃盛入新之介紹人，亦被盛押
在獄七載，近始開釋，回首前事，有悔不當初之感。據
報獨山已為我軍克復，可見日寇之力，已成強弩之末。
卜司長道明今電總裁報告新蘇外交折衝經過，原電甚
長，余已另錄主新日記中。

## 12 月 9 日　星期六

喬根來見。喬係中華革命黨員，乃余之舊友，前任
伊犁區專員，今春來省即被扣押，近始開釋，舊雨重
逢，至感快慰。下午一時假西大樓宴請在迪維族領袖，
到有乃孜爾、阿不都克里木買合蘇木、吾買爾、那四爾
等六十餘人，由各廳委、處長作陪。入座後，余首起致
詞，首對各同胞表示慰問與關切，繼闡述維、漢諸宗族
同為黃帝子孫歷史的發展，以及三民主義的正確與偉大
性，並謂伊斯蘭教中之道德觀念，實與忠孝仁愛信義和
平相一致。末勉勗同為爭取抗戰勝利而努力，同為謀取
新疆各宗族之幸福而努力。詞畢進膳，特召年齡最高者

之吐有洪阿吉對座，以示尊老親賢之意。乃孜爾等五人相繼答辭。至三時許，始盡歡而散。三時後，先後接見李瑞霖、柴秀齡、李彥明。李、柴兩人近始由獄釋放，特來謝恩者。李彥明來求事者。西北月刊登載「蒙古、新疆、西藏宗族考」一文之「新疆之宗族起源」一節，言新疆宗族實為夏后氏之後裔，黃帝之子孫。中華民族之一元，史實昭昭，無庸置辯。余已將原文節錄于主新日記中，以為世人告也。

## 12 月 10 日　星期日

晨謝團長煒政來見，渠定明日搭車返奇台防地，特來請訓。余備加勉慰，面送安家費新幣壹萬元，並允照料其家屬。十一時派車往接劉前主席文龍蒞新大樓。劉首言仰慕之忱，並述被禁之苦。繼謂盛在新作為，可以八個字概括，即「謀財害命，害命謀財」。蓋獄中處死，秘而不宣，家屬走送錢物菜肴數年如一日，盛照例受之無愧色，故曰「為謀財而害命兮，命既害兮猶謀財」，殊堪發劇。劉在獄十餘年，今年七十有七，耳聰目明，能閱能寫，聲氣響亮，非涵養有道，曷克勝此。旋劉效藜、桂芬、魯效祖等先後蒞臨，午時留便餐。餐罷，余出恕庵禮佛圖，均稱珍品，將傳垂不朽，為歷史文獻。歡談至二時半，始行分別。四時接見黃如今、林伯雅、童世荃、顧耕野、劉興沛等數人。顧、劉亦最近開釋者。顧以所掌驛運前途希望不多，擬返內地，余加以勉慰，並致政府倚畀方殷之意。劉在新一手創辦明新玻璃廠，頗著成績，據告該廠原料若砂若硝，取之不

盡，用之不竭，故前途大有開展云。

## 12 月 11 日　星期一

　　晨九時赴監察使署訪晤羅監察使，坐譚新省政治、經濟、外交各項問題達三小時之久。羅謂新省各地行政專員多未派定，影響地方秩序甚鉅，又云新省經濟問題不難解決，聞印度待運中國之物資數，達須卡車千輛裝載，將來本省可分霑一部份。余徵得前新省黨部書記長黃如今及現任各委員之同意，決定由金委員紹先代理黨部書記長，徐委員觀餘兼宣傳處，王委員立亭兼長組訓處。余以人選頗合宜，而工作亦可推動。二時半蒙藏訓練班同學馬寧邦來謁，伊已派為和豐縣長，即將赴任。查和豐為塔城最大縣份，惟與蘇聯邊接壤長約二百餘華里，牧民稍受刺激，易入歧途。當民國卅二年春冬兩季，及今歲夏秋之交，縣民被匪裹往蘇境者甚眾，近雖回牧，但財物損失浩大，宜如何始能安定其生活、保障其安全，須加注意。和豐為迪化、塔城通阿山之道，關係整個北疆之安危，主政斯間，能不朝夕淬勵警惕。又已圓寂之夏律瓦活佛，在新疆佛教中地位最高，迄今五載，尚未轉世。和豐蒙族曾三請盛督辦准令赴藏，卜其降生，未獲批准，以致喇嘛失其所主，蒙民失其所仰。當茲多事之秋，為順應蒙情，計囑馬縣長到任後，依照舊例辦理具報。新疆商業銀行總經理原由彭廳長兼任，彭既求去，現改由羅志枚代理，今囑其應行注意事項數則。廣播消息，昨晚我軍已克復六寨，足見敵勢已疲，殊為欣慰。劉前主席文龍服官新疆數十年，對新省歷史

演變及治亂得失知之甚深，昨與談話，曾以哈薩克族部
落制度對策相詢，劉以「行其禮、從其俗」六字為復。
意猶未盡，今日函答頗詳，甚為中肯，函末略云「現值
哈變未靖，先聖云『所欲與聚，所惡勿施』，是即我公
宣示和平安定之宗旨，就此兩語，工作當無不適也。」

## 12月12日　星期二

　　晨吳特派員、卜司長來會，對於新疆、蘇聯經濟貿
易合作問題有所商討，並擬定辦法，俟與蘇領會商後，
由卜電陳外交部及總裁核示。余以吳即將離任返渝，請
其到後將新省各項問題詳報中央，俾中央澈底明白困
難情形，速為救濟也。十一時廣祿偕劉秉義及塔里海提
來見，伊等均係伊甯事變後間道來省，報告事變經過情
形甚詳。塔里海提維族青年，經商新疆富戶，事變後，
妻女尚在伊甯，不知下落。劉秉義為省府顧問，其兄秉
德及子均死於匪亂中。秉德現任省委兼警務處派駐伊犁
區副處長，十月十四日曾接其酉灰電，報告匪情及提供
意見數點，頗合機宜，文長千字，已錄主新日記中。午
後一時，假西大樓宴請錫、塔、烏、歸、蒙、滿各族在
迪領袖，到穆精河（錫族）、鮑爾漠（塔塔爾族）、麻
木提和機（烏孜別克族）、費老暖四客一萬中孚（歸化
族）、烏雲珠（滿族）、麻木夏開爾（塔塔爾）、不饒
果色夫（歸化）、碩特（歸化）等百餘人，由省府各廳
委、各處長作陪，濟濟蹌蹌，極一時之盛。席間余起立
致詞，以俄、維、蒙三種語言翻譯，余闡述政府安定地
方、保護人民之旨意，與夫三民主義之精神所在，希望

各族同胞協助政府，共同完成建設新疆之使命。詞畢，
穆精河等五、六人相繼起立致答詞，一致擁護三民主
義，協助政府。三時許，始盡歡而散。三時半，美國領
事華瑞德偕武官寇銳思來晤。渠等對伊甯事件甚為關
懷，余爰將事變經過及軍事形勢告述甚詳，並說明最近
釋放被押人民之意義。末談國際軍事情勢，美領亦認為
中、英、美、蘇四大國精誠團結之重要，及澈底消滅日
本，不容稍緩。對於日蘇關係，美領亦認為蘇聯遲早將
參加對日作戰。談話歷二小時，始別。

## 12月13日　星期三

司長卜道明今來報告，昨下午四時伊往訪蘇領館葉
代總領事，交換新蘇貿易意見。卜草擬原則五條，雙方
根據平等互惠、互尊主權之原則，由改組中之新疆省貿
易公司，與蘇聯貿易人民委員會駐新機關為對手。蘇領
表示範圍過狹，不能忽略私人商業與蘇方之交易，應就
新蘇廣泛經濟合作，正式提出具體意見，始能報告蘇方
政府，如僅提出局部貿易關係，似難顯著效果等語。卜
已將其與葉領談話詳情電外交部轉呈總裁，茲將卜、葉
譚話紀要及卜電，已另錄主新日記中矣。吳特派員定明
晨離迪赴渝，余將作就陳總裁之函，託其持往。函略稱
吳在新辦理外交頗著辛勞，對新省情形甚為熟諳，請多
多垂詢云云。今廣播消息，廣西方面我軍已攻克南丹，
敵向河池退卻。

## 12月14日　星期四

晨八時空軍區司令羅機來，謂精河機場經函請省府令飭該縣發動民力，限七日完成，竟於四日間竣工。該縣縣長及警局長善應事機，頗具勛績，殊堪嘉尚，甚為贊佩云。十時許，美領華瑞德偕美國海軍副武官寇銳思來見。寇日內離迪赴渝，特來辭行，並謝余招待，願他日再見。別後，余於下午派沈秘書持和闐地毯一條贈寇，以庫車羔皮贈華。沈回報，兩人均甚感謝。吳特派員偕外交署主任秘書馮祖文來見，吳定今日啟行，因機小，暫緩赴渝。馮在劉特派員到迪前暫代署務，今報載劉十一日離莫斯科，取道阿拉木圖，約本月下旬可到迪視事。午後接見李夢白、張宏鐸等數人。李原任省警局督察長，頃派任阿山區警局副局長，不日隨高專員前往。張為同盟會老同志，年逾五旬，倘付以縣任，當能勝任也。今與朱長官聯名陳總裁一電，請求數項：

（一）哈密區軍糧擬請由甘省完全擔負，蘭、迪交通請飭西北公路局負責維持，並令中航公司恢復飛新班機。

（二）請分飭速運大量法幣及糖、茶、布疋等日用品來新。

（三）請速遴派幹員接替財廳廳長。原電另錄于主新日記。

晚得文叔電，略稱馴叔決定入蘭州國立西北師範學院英語系。今日廣播，昨盟機轟炸日本名古屋，查該城係大工業區，可謂為侵略者已自食其果。

## 12 月 15 日　星期五

　　晨十時於新大樓舉行省政府委員會第七十五次常會，主要討論明年度省政府預算。明年新疆軍費雖已決定歸中央負擔，但新省財源枯窘，物價繼漲，政府支出數額必大，預算殊難開列。故對一切建設，惟有暫維原有規模為度，僅保安與警察之預算，不能不有相當數目。午時假省黨部宴請被押開釋之黨工人員，到黃如今、林伯雅、童世荃、張志智等十餘人。午後接見復興公司西北分公司課長陶紹武，據謂擬在迪籌設辦事處，希省方協助，並稱可以新省羊毛、皮革換取蘇聯貨物。余謂陶曰，新省現已決對中央化，故十分歡迎中央機關來新經營商業。新省對外貿易關鍵在外交，將來對蘇外交好轉，則對外貿易前途殊有厚望。復興公司在此經營須注意兩事：

一、羊毛、皮革固屬新省土產，但新省缺乏茶、糖、布疋等日用品，希望口內交換。

二、新省交通工具缺乏，復興公司須能自己準備。

## 12 月 16 日　星期六

　　晨招平戎、章裕兩人談話，對人事問題有所指示。平出示伊甯叛匪成立之東土耳其斯坦民族革命委員會所散發之維文小冊，並譯文。其題曰「我們為什麼要奮鬥」，冊首述「我們現在的地方，就是我們歷代祖先所住地，叫曰東土耳其斯坦，古代以來，在此地維吾爾、塔藍其、哈薩克、柯爾格斯、烏孜別克、塔塔爾等民族居住生活，現還居住生活著。在此地四百萬民眾內，我

們佔著三百萬以上，土耳其斯坦係土耳其民族之後代，我們同一血統的同胞們，哈薩克、柯爾格斯、烏孜別克、塔塔爾等民族，已在蘇聯國內各組織了共和國，過著解放自由幸福的生活。」其原文長約四千字，余已錄於主新日記中，並擬抄呈總裁察閱。午時在新大樓西餐招待吳特派員澤湘、卜司長道明及外交特派員、公署職員等十餘人，由於達、小魯、昆田、高專員、志枚、馬彥章等作陪，此宴特為吳餞行也。三時接見新委裕新土產公司總經理于化龍、財政廳副廳長周崇勗、印刷廠長祁化成、財廳視察室主任趙連昌。渠等均新近開釋，同來道謝，余予以慰勉，並一一指示工作要點。四時接見中訓分團教務處長屈卓民、主任秘書魏中天、指導員余航、譚興坦、龔夏等五人，伊等前年來迪創辦分團，八月間即遭捕押，今雖出獄，大有虎口餘生之感。四時半接見新任綏來縣長鄒炎僧，伊日內赴任，余示以協和縣民、安定地方。鄒係中央陸軍軍校第五期學生，在新曾任軍職，為盛捕押，近始開釋者。

## 12月17日　星期日

今午教育廳許廳長宴請被押方釋之教育界人士六十餘人。余前往參加，備致慰問，並略述三民主義之正確性與偉大性，勉各人在教育崗位上致力於三民主義之發展云云。午後一時假新大樓招待省立醫院各級職員、醫師、護士長等西餐，到姚院長尋源、李副院長光宜等五十餘人。席間余首起致詞，略以本省醫藥衛生之重要，各位刻苦耐勞，福利病民，深為敬佩，希望繼續努

力，俾新省醫藥衛生事業日進無窮。姚、李兩院長相繼致答詞。餐至中席，余起立為新近來新，於猩猩狹附近途中遇哈匪襲擊，幸免於難之各醫生、護士長等數人進酒一杯，以示慶慰，並對被害人員表示悼忱。至三時許始散。四時至東花園與朱長官晤談，余為述用兵後方重於前方之要義，以多數兵力鎮守後方，少數兵力佈署前方，後方穩固，前方用命，事可大定。昔左文襄公治新以五分之二置在前方，五分之三兵力置在後方，卒竟其功，今雖時代變易，但原理則同。朱甚以為是。

## 12 月 18 日　星期一

午時宴請東花園方面各軍事高級人員，到朱長官、李總司令、謝師長、徐副師長、侯參謀長、王總監及李總司令之岳丈曾勇甫等二十餘人，由省府各廳委、處長，及於參謀長、曾秘書長等作陪。今日之宴，朱長官及軍官興致均高，酒飲數巡，全體高呼蔣委員長萬歲、朱長官萬歲、吳主席萬歲，響徹雲衢，熱烈情緒，可以想見。四時接見建設廳顧問顧謙吉及技術室主任胡白華，均江蘇籍，留美學生工程系也。余爰告建設人才之缺乏與可貴，希特別努力，以謀新省建設之開展。宣撫委員會經全體委員決議，派遣宣撫隊分赴東、西兩路進行宣撫事宜，現已組織就緒。東路以阜康、孚遠、奇台為目的，由韓履忠、扎力甫任領隊，西路以昌吉、呼圖壁、綏來為目的地，由張宏鐸、哈得萬福晉、扎克勤等擔任領隊。所有宣撫人員均係維哈族素具聲望人士。今下午五時，召集兩路領隊及宣撫人員全體談話，以茶點

招待，余致詞：

（一）言宣撫意義。

（二）本人到新二月有餘，先後開釋押犯數以千計，
　　　哈族同胞尚未開釋者為數已不多，只須經人具
　　　保，多可開釋，希各位將上意轉告游牧同胞。

（三）三民主義為最好之主義，非三民主義不足以安
　　　定地方，福利人民，哈族同胞應早覺悟，並勸
　　　哈族同胞多讀書，因讀書可以知道歷史及世界
　　　情形。

（四）口裡風光，山明水秀，迥異邊區，將來戰事平
　　　後，交通便利，願各位赴口裡一遊，以廣見
　　　聞，而遊牧區域自亦別有風趣，余亦願將來有
　　　機會赴牧地一遊。

（五）勸遊牧宗族半牧半耕（全文甚長，已另錄主新
　　　日記中矣）。

## 12月19日　星期二

　　晨先後與曾問吾、曾勇甫談話。問吾係軍令部邊務
處少將處長，對邊事頗有興趣，今將出任吐魯番縣縣
長，建樹可期。曾勇甫由其女婿李總司令推薦，任阿克
蘇區行政專員，老成穩練，足當斯任。前任新疆督署秘
書處長、現任農林部主任秘書葉常芬乘機到迪，午後來
見，轉致總裁代電及盛部長親筆函。葉此來代表盛移交
在新省督辦任中積存黃金及其他貴重物品，由余親自點
收，或組織點收委員會辦理。余以該項財物原屬財政廳
主管，新舊廳長交替時辦理較為適宜，新舊主席均不能

負此責任，余已將總裁代電及盛部長函另錄于主新日記中矣。四時往東花園晤朱長官，重提剿匪戰事後方重於前方之至理。目前我軍對新二台固須猛攻，以圖打通正面路線，登路斯口方面亦宜逐步向前推進。但須注意之點，後方之糧彈接濟須有充分準備，因在伊甯之守軍現所渴望于我者，厥惟糧彈。在我進攻部隊到達守軍地點會師後，糧彈需求尤為急切，若不未雨綢繆，反增守軍麻煩，困難必多。朱甚表贊同。吳特派員醴泉兄明晨離迪飛蘭轉渝，晚間余特赴公署送行，暢敘甚歡。

## 12 月 20 日　星期三

吳特派員今乘機返渝，余囑曾秘書長代表前往機場送行。美國空軍上校艾斯華，少校馬可南、狄樂、鄂爾室，上尉卜瑞思，少尉阿蘭、薄來客、烏班驤等八人，昨由蓉飛抵迪化。渠等擬在此間成立氣象台，與蘭州、酒泉等處氣象台相互聯系，探測日本本土及東三省等地氣候，以利成都、太平洋美空軍基地起飛之轟炸機前往轟炸。今晨十時艾、馬、狄等三人由華瑞德領事陪同來見。余首述伊等此行任務之重大，表示歡迎與欽佩，並召宋副官長與渠等見面，囑宋照料，又商得朱長官同意派兵保護。馬可南等三人明晨飛蘭轉蓉，余盼艾等他日再來。余提及嘉峪關及綏遠伊克昭盟附近氣候均佳，距東三省亦較近，西藏高原可利用為空軍基地之處甚多，艾等頗以余言為是。午後二時接見蕭家馴君，伊代表林繼庸面致接濟之謝忱。旋又接見凌紹華、孟昭信、陳玉章、郭善良等數人。渠等均盛督辦時代重要高級人員，

為盛捕押，近始開釋，特來道謝者。新任新省外交特派員劉澤榮，今午由蘇飛抵迪化，三時來見。劉（字紹周）原任駐蘇大使館參事，精通俄文、俄語，沉毅穩重，有學者風度。坐定後，余為述新疆對蘇外交先決條件，須中蘇雙方態度明確，不存恐懼心理，又進行任何事宜，意思純正，不生其他作用，如能似此，則新蘇外交關係不難好轉。承劉交到傅大使介紹函，並詢及伊甯事變近況，且望余「勤賜教言」，詞意懇切。余復其函，內有「外有吾兄之提挈，內有紹周兄之臂劃，其促使中蘇友誼之加強，自可預卜」云云。六時假新大樓，以中餐宴請美空軍艾斯華等八人，由華瑞德領事及外交署水秘書，暨軍政界、銀行界多人作陪。余以遊美時目見美國國會圖書館之偉大壯麗，及美前總統華盛頓陵墓之簡單樸素，譽為係美國文化發達與平民化之民主精神所在，華領事及艾德華等均鼓掌稱快，至九時始盡歡而散。午時宴請由伊犁退出抵省之塔里海提、劉秉義、廣祿，由民政廳長及趙劍鋒、胡筱疇、喬根、周昆田等作陪。席間塔等三人對目前剿匪軍事建議甚多，余定明日邀第二十九集團軍侯參謀長等與其詳細會談。塔年九齡即赴土耳其學習經濟，並留法四載，現年僅二十六歲，言談中肯，誠維族俊秀。塔稱北疆宜用騎兵，南疆利於步兵，又曰新省變亂迭乘，民皆苦之，此次伊甯事變，一般人民均未參加，故不難平息，倘能剿撫兼施，收效尤速，渠等願作嚮導，隨軍前進，可奏膚功，言時雅有堅勇沉重之色。余日前囑塔等三人將伊犁事變經過作書面報告，昨已繕成送來，關於事變遠因、近因及解決方

策分條縷拆，甚為詳盡，都三千餘字。余已另錄于主新日記中矣。

## 12 月 21 日　星期四

晨卜司長來晤。余云關於新蘇經濟合作範圍，所謂廣泛的經濟合作，實無法釐清，不如擇雙方最切需之一、二物資訂約交換較為允當，卜亦稱是。余隨而向卜備致慰勉，謂其來此商談，意義重大，誠宜得一結果，庶幾不負此行。午時振委會第五救濟區第二批赴新兒童總領隊張仲儒來見，詳述途中遇匪槍殺難童及埋葬景狀，聲淚俱下，余切致慰問，並告以此次難童移新前，曾電告何局長競武暫緩運新，先在河西擇地過冬。蓋新省現值匪患，物資奇缺，又值嚴寒，難童來此，至感困難，如留住河西，一切較易為力，奈何局長不明此理，強運來新。不宜久留哈密，以其地小貧瘠，可即移吐魯番暫居，將來再送至【後缺】。

## 12 月 22 日　星期五

【前缺】午後二時接見今日開釋之玉奴斯陰謀案犯肉孜商總等十人，余備致慰問，彼等涕泗橫溢，悲不自勝，並稱如同已死之人，今經開釋，惟有以一切獻給政府，協助余建設新疆云云。三時許赴外交特派員公署訪晤劉特派員澤榮夫婦。余與劉暢談國際問題，關於日蘇關係，劉稱以往蘇聯惟恐日本夾攻故，佯與友善，今蘇聯不復顧忌，故其對日態度轉趨露骨。將來世界大戰結束，盟邦談判遠東事件與處置日本問題時，蘇聯利害攸

關，勢必插手，或將於日本將告崩潰時參加對日戰事，
亦未可料。歐洲方面，英、美對蘇聯因波蘭、巴爾幹及
希臘諸問題，容有齟齬之處，但在共同擊潰納粹之原則
上，三國不致有大衝突云云。復談及蘇德戰事及我國戰
後維持中立之不可能。歷一小時，始歡然握別。報載行
政院例會決議，新省彭委員兼廳長另有任用，任命盧郁
文為省委兼財廳廳長。關於迪化庫存財物移交一案，余
分別電向總裁與盛部長，表示俟盧到任，逕由盧接收。
奉總裁亥元電以據蘇駐迪領館廣播，有該國軍隊五千叛
變逃新，蘇當局曾懸賞二十萬俄幣偵查叛軍下落等語，
囑迅查報等因。經與卜司長、劉特派員研討，僉謂此項
廣播或係德人用俄語傳出者，余已呈總裁矣。

## 12月23日　星期六

裕新土產總公司經理于化龍來見。伊稱新省土產以
蠶絲為最富，希望最大，現新省存絲價值為新幣貳萬萬
元，其次為羊毛、葡萄乾。又伊犁分公司所存蘇聯入口
貨及土產數量甚大，諒已損失殆盡，而盛督辦等運走
貨物，價值在新幣二千萬元以上，現已漲三倍。倘無以
上兩項損失，新省物資枯窘情形或可不如今日之甚也，
于復述和闐蠶絲業近況甚詳。午時宴請軍委會參謀視察
組同人及農林部主任秘書葉常棻等，以表示歡迎之忱。
參謀視察組長廉壯秋少將謂來新視察兵要地形，北疆目
的地為伊犁，南疆為喀什，伊犁多事不能去，現擬去南
疆視察。三時先後接見前焉耆區行政長于德一等七、八
人。于原在李杜將軍部下任旅長，為今留新東北將領僅

存之一人，余切致慰問，並示借重之意。四時接見南山白楊溝哈族頭目賣迪牙、鄉長熱馬鎰、校長霍司貝等七人，款以茶點。各人報告游牧情形，謂該處有哈族九百餘人，原有千戶長兩員，一已病死，一年僅卅許，被押死於獄中，言者有酸鼻之感。余告曰，余主新以安定地方為首務，並言教育之重要，希望霍校長多多努力。據悉白楊溝哈族六十年來人口增加不多，前歲斑疹傷寒死數百人，伊等至今不知所患何病，曷勝浩嘆。五時赴東花園與朱長官晤談，伊對余協助軍事籌謀給養備致謝意，並謂余將保安司令部事權交長官部辦理，此種精神實為罕見云云。奉總裁電謂據聞麥斯武德及艾沙等，以新疆人治新為口號，在蘭州大事活動，新疆有無聯繫，希注意等因。關於麥斯武德欲回新疆，前經陳主任布雷兄電告，比經復電緩來，現彼等在蘭活動，荒謬號召，居心叵測。余認為過去中央少數不明是非人士，對麥等大肆寵容及鼓吹，深為非是。

## 12 月 24 日　星期日

午時設宴招待迪化新聞界人士，到中央通訊社迪分社社長鮑維瀚、新疆日報社周昆田、孫玉山、李尚友等二十餘人，由曾小魯秘書長作陪。席間余致詞，略謂今日與各位新聞記者聚首，甚感愉快，以早歲亦曾參加報業，當時情景歷歷在目。報業記者領導輿論，促使社會進步，任務神聖，前程遠大，世界古今偉大人物不乏出身報業者。復勗以宣揚主義，如能以主義與宗教配合，在邊疆則收效必更宏大。旋由孫玉山君致答詞，表示感

謝之意，對余所提示與希望，敬謹接受，並願協助政府
推進工作云云。至午後三時許，始盡歡而散。

## 12月25日　星期一

　　午時教育廳宴請被押開釋之教育界、文化界人士，
到有乃孜爾大阿洪、呂樂甫大喇嘛、鮑爾漢及各校校
長、教員等八十餘人，余前往參加，並致詞。略謂各位
均係新疆優秀分子，受屈被捕，今自由恢復，政府需要
君等努力之處甚多，余已分囑各廳處長儘量量材錄用，
以謀安定君等生活。旋由鮑爾漢起致答詞，謂當格遵訓
示，克盡厥職，效忠政府云云。余飭員為美空軍測候隊
覓住屋，並代表探視英領刁樂德之足疾。據回報已覓定
住屋兩所，請由美空軍人員自行擇定。至於刁領足疾，
係因行獵途中受阻甚久，足趾凍冽，業經蘇領醫師診
治，切去凍膚，烘以電器，約兩週後方可痊愈，亦云苦
矣。午後五時與批准開釋之四一二案犯五十餘人在新大
樓談話。四一二案係卅一年四月十二日，盛督辦胞弟盛
世駿之被殺案，株連人數甚多，但多數被處極刑，今日
得生之五十餘人多青年智識分子，渠等在獄三十餘月，
九死一生。余致詞，首對各人被牽累坐獄表示慰問，並
勉勗再為政府工作。關於新省財政、經濟、糧食、交通
各項困難，前兩次電請總裁亟予濟助，茲奉復電指示，
謂已令財政部補助新省本年軍費一十二億元，半數撥運
現鈔，半數由物資機關按成本運茶、糖、布疋赴新，由
省府接收供給軍用與民用，並可按照市價吸收新幣。又
哈密區軍糧由甘省擔負，及運輸有無問題，已交糧食、

後勤兩部妥予核議。至蘭、迪交通之維持，已令交通部
切實籌辦云云。余與朱長官即已電復矣。

## 12 月 26 日　星期二

午時假西大樓設宴招待迪化回、漢耆紳及文化界人
士，到劉文龍、馬良駿、紀元章、桂芬、魯效祖及回教
掌教阿洪、理事長、回文總會、漢文總會各委員、各學
校校長、工商會代會長，及其他回、漢兩族名望人士，
共一百五十人。由省府各廳長、委員、處長作陪，濟濟
一堂，充滿親洽之空氣。席間余起致詞，就歷史、地理
及文化上種種事實，說明各宗族同屬一祖，並指出回教
勸人為善，崇善和平，與中國固有道德及本黨三民主義
之精神，均相符合，故必須親愛扶持、精誠團結，共同
努力於三民主義新中國之建設。末論及三民主義，主張
宗族平等與宗教自由之義，指出中國境內各宗族人民之
宗教上之信仰儘可不同，但政治上應以三民主義為共同
趨赴之理想。余於致詞中引證事實甚多，闡述極詳，與
會人員所得印象至為深刻。旋劉文龍、馬良駿、紀元
章、桂芬等相繼致答詞，大致希望新疆回漢人士精神團
結，信仰三民主義，擁護蔣委員長，在余之指導下努力
建設新疆。至三時半宣布散席，沙致祥老先生起立高呼
全體向吳主席行三鞠躬禮，以表敬意，滿座震動，歡樂
之情，可以概見矣。四時劉特派員與卜司長偕來，劉謂
外交署經費短絀，有斷炊之虞，余即命商業銀行透支新
幣十萬元，由外交署隨時支用。並勉劉曰，賢伉儷各有
困難或需要，余樂意幫忙與協助，伊表示謝意。余竊希

望其生活安定，可以耑心辦理外交也。晚召集曾秘書
長，鄧、許、佘三廳長，周、張兩委員，於參謀長，胡
處長等開談話會，討論明年元旦日發表宣言內容。至十
時後始散會。

## 12月27日　星期三

　　午時宴請滿漢王夫婦、英姻（滿漢王姐夫、前和靖
縣長）夫婦、喬嘉甫親王及喬弟侯瑞昌等。喬親王擬日
內隨平專員等回霍布克料理游牧事務，其善騎，英武若
鬚眉，夫死，襲親王職，喬謂自迪至霍布克，騎馬五日
可達。滿漢王福晉烏靜彬亦將返和靖組織焉耆蒙族游擊
隊，以增地方力量，其志可嘉。喬根午後來見，漫談新
疆當前政治問題。渠稱伊犁事變初期，匪方似有大規模
之襲擊，並有擾亂省城之企圖，因政府措置得當，不得
逞，今迪垣糧價已跌，人心已安。余云此次伊犁事變，
塔城區未遭波及，關係甚大，否則局面將更不易應付。
喬又稱新省宗族複雜，思想隔閡，過去政府朝令夕改，
任意壓迫，而人民對政府猜疑根深。為令之計，對於邊
遠地帶人民，須加強其對政府之信念，則全新平定可期
也，其語頗有見地。三時趙劍峯偕哈文會主任委員巴里
斯來見，巴年僅念餘歲，新近出獄，余面予慰勉，說明
政府對人民善意，並希望其對文化會繼續負責，努力一
切事務。四時接見前電燈廠經理周海東多人。周曾任土
產公司總經理四年，嗣被押，近甫開釋，在獄時曾受七
種體刑，令人怵目驚心。關於麥斯武德在蘭活動一事，
今電復總裁。原電略述麥之女婿在伊犁行為，及麥之思

想，並陳明對其處置。原電已另錄主新日記中。

## 12 月 28 日　星期四

晨與平專員戎談論赴塔城區應注意事項，並以喬親王同往，擬贈喬親王旅費六萬元及禮品若干件。十時召集被押開釋之黨部工作人員及新疆學院教授等十餘人談話，渠等思家心切，擬即返渝，請求發給車輛、旅費及在沿途各地予以食宿便利，余一一允之。十一時接見巴玉生，巴係軍官學生，歷充騎兵連長及蒙文潘譯，頃擬隨烏靜彬回焉耆故里，協助組織訓練蒙族遊擊隊。十二時半西餐招待在新建設技術人員，到佘廳長、建廳顧謙吉、胡白華、（地質）王恒升、（水利）王鶴亭、（製酸廠）馬嚴、（血清廠）韋忻、（金冶廠）孟浩然、（耐火材料）談人鳳、（紗廠）章立元、（化學）林世俊等四十餘人。余致詞，略謂諸君年富力強，均屬技術人才，至為欽羨，希望以建設新疆為終身事業。王鶴亭致答詞，云當依訓示，努力工作。至二時半始散。晚間與卜司長道明談話，據告卜等已奉重慶外交部宋部長電告可即返渝報告一切，對於新蘇經濟合作事，可秉承吳主席指示，擬定方案帶渝研究等語。余曰新蘇外交係一整個政治問題，目前有兩事須注意者：一即蘇聯究欲我何物；二即新省邊區，若阿山、富蘊等處富源，以國防關係，不能隨便與蘇聯合作開採。焉耆游牧昨日運到生羊六百頭，奉獻滿漢王夫婦，今承滿漢王夫婦贈我二十頭，甚感。余轉送劉文龍老先生四頭，並以一部分犒賞憲兵衛士隊承啟官及新大樓勤務，藉示年節同樂之意。

## 12月29日　星期五

　　午後三時召集將赴塔城之工作人員談話，計到新任塔城專員平戎、和豐縣長馬甯邦、塔城縣黨部書記長胡鼎堡等十三人。余勉以保重身體，努力進修，調協各族人民，以各人年齡之輕，倘能加倍努力，不愧為建設新疆幹部人才，報效黨國，即在此時。四時接見南山哈族大頭目司迪克、伊犁區特克斯千戶長艾林木江、塔城維領依干別爾的，及玉素甫阿吉等四人。渠等在地方均有領導地位，據云過去竭見盛督辦甚難，地方知名之士無事不敢晉省，免遭扣押入獄，因余對人民親近，故放心自動來省晉謁，言下頗為欣慰。余告曰政府決定愛護宗教，保護人民，各位或為新近開釋，或係遠道來省，希望隨時將政府意思宣達各族同胞，共謀地方之安定與繁榮。晚間召趙劍鋒談話，趙遼甯人，係盛前督親近之人，亦遭盛逮押三載。伊謂盛氏主新十餘年，逮捕各地各族人民共計十餘萬，今存者不到三萬，而東北將士在此工作計一萬七千，現所存不過三千，其無法無天之作為令人可嘆，將來必受自己精神與良心上之制裁云云。余以飛機飛行之期不定，而因公內飛人員均須事先呈奉總裁核定，往往稽延搭乘機會，月前曾與朱長官電請授權，先行核定，今奉復電照准。

## 12月30日　星期六

　　晨保安司令部高級參謀羅戡芬率其屬員周智遠、張廣義來見，並云周、張兩人係其學生，前在新疆軍校時期，兩人學、術兩科及操行均極優良，故特介紹來見，

以備重用。第八區行政督察專員紀鳳樓奉召來省述職，
今來謁。稱原籍甘肅，到新已二十餘年，初到時當士
兵，曾任科長、處長等職，並一度被捕入獄，旋開釋，
入政幹班受訓年餘，任宣傳隊長、縣長，今春升任專
員。夫以行武出身，致有今日，誠屬不易。渠報告焉耆
地方現尚安，游牧興盛，可耕地甚廣，水利亦較發達，
未來前途頗有希望。關於難童移焉一事，渠稱已準備妥
當，衣食住均無虞。至墾民移焉，則以人數較多，似可
擇庫爾勒一地安頓，因該處公有荒地甚多也。紀又稱南
疆各縣以輪台最為難治，其地土痞流氓甚多，歷次變
亂，輪台響從最先，政府須予注意。關於焉耆地方自衛
問題，紀稱蒙民槍擊發射準確，如訓練數百人，授以槍
彈，則治安可望無虞云云。報告歷一小時。午後接見高
等法院庭長暫代首席檢察官岳成安、暫三師第七團副團
長陳學源、焉耆蒙族代盟長爾德尼、前軍人教養院院長
黃遠鵬、前蒲犂縣長孟應麟及難童副領導馮振方等數
人。陳副團長年輕活潑，近由額敏防地來省，余特加勉
勗。爾德尼年二十餘歲，操國語甚流利，曾被押獄中，
余徇滿漢親王夫婦之請求，今准其開釋。今李宏基轉來
調統局九日代電，稱決定新省黨部成立統計處，處長未
到任前，由李宏基負責。午時假新大樓便餐招待尼牙孜
商總、玉素甫阿吉、艾林木江千戶長、依干別爾的、買
賣提尼牙孜、加滿格拉千戶長、阿不都拉哈會長等七位
哈維領袖，由鍾棣華擔任翻譯，平專員戎與趙處長劍鋒
作陪。席間余闡明政府治新方針，及對於新疆人民之期
望，並敘明三民主義對中國邊疆政策，則揭櫫宗教自

由、宗族平等，並扶植邊地各宗族，同謀中華民族之發
達與繁榮。各領袖深為感動，相繼致答詞，略以信仰三
民主義、服從政府、擁護領袖，謂余主新乃全新人民之
鴻福，今後當將余之德意宣揚各族人民云云。

## 12月31日　星期日

晨招副官處長宋守中詢問各招待處情形，及商談改
善辦法。又以副官處各庫房存物不多，購置不易，囑其
限制發給，樽節開支。十時接見孫慶麟、張鳳儀。伊等
均遼甯人，隨九一八事變之抗日部隊到此，孫曾任阿克
蘇警備司令，張曾任鎮西警備司令，旋為盛前督辦逮捕
獄中。今擬派孫赴喀什組織游擊隊，以加強南疆實力。
十一時，省府顧問馬廷驤率買提牙孜與阿不都拉兩大阿
洪，及馬之幼孫濟棟，由鄯善故里晉省。余詳詢鄯善地
方情形，據告甚平安。朱長官今日乘軍用機視察伊犁一
帶軍事情勢，並在機中以無線電廣播向伊甯守軍訓話，
備致勉慰。午後三時，余悉朱已返迪垣，即赴東花園慰
問辛苦，並勸飲白蘭地數杯，甚歡。塔城區專員平戎
一行即將赴任，日昨余特致書該區駐軍李、徐、韓、
薛四團長，切致慰問，囑平攜往分送（原函已錄主新
日記中）。

民國日記 53

# 吳忠信日記（1944）

The Diaries of Wu Chung-hsin, 1944

原　　著　吳忠信
主　　編　王文隆
總 編 輯　陳新林、呂芳上
執行編輯　李佳若
封面設計　陳新林
排　　版　溫心忻

出　　版　🛡 開源書局出版有限公司

香港金鐘夏慤道 18 號海富中心
1 座 26 樓 06 室
TEL：+852-35860995

🏵 民國歷史文化學社 有限公司

10646 台北市大安區羅斯福路三段
37 號 7 樓之 1
TEL：+886-2-2369-6912
FAX：+886-2-2369-6990

初版一刷　2020 年 12 月 31 日
定　　價　新台幣 350 元
　　　　　港　幣　90 元
　　　　　美　元　13 元
I S B N　978-986-99750-8-7
印　　刷　長達印刷有限公司
　　　　　台北市西園路二段 50 巷 4 弄 21 號
　　　　　TEL：+886-2-2304-0488

http://www.rchcs.com.tw

國家圖書館出版品預行編目 (CIP) 資料

吳忠信日記 (1944) = The diaries of Wu Chung-
hsin, 1944/ 吳忠信原著；王文隆主編 . -- 初版 . --
臺北市：民國歷史文化學社有限公司 , 2020.12

　　面；　公分 . -- ( 民國日記；53)

ISBN 978-986-99750-8-7 ( 平裝 )

1. 吳忠信　2. 傳記

782.887　　　　　　　　　　　　109020049